HAYMON verlag

Carl Djerassi

Tagebuch des Grolls 1983–1984
A Diary of Pique 1983–1984

Aus dem Amerikanischen von |
Translation from the American by
Sabine Hübner

Titelbild | Cover picture: Paul Klee, Versunkenheit.
Lithografie, handkoloriert | Lithograph, hand-colored.
Albertina Wien, promised gift Carl Djerassi Art Trust II

Wenn ich ein ganz wahres Selbstporträt malen sollte, so sähe man
eine merkwürdige Schale. Und drinnen – müsste man jedem klar machen –
sitze ich, wie der Kern in einer Nuss. Allegorie der Überkrustung könnte
man dieses Werk auch nennen.

If I were to paint an entirely true self-portrait, one would see a strange shell.
And sitting inside – this would have to be made clear to all – am I, like the Kernel
inside a nut. One might also call this work Allegory of Incrustation.

Paul Klee, 1905

Auflage | Edition:
4   3   2   1
2015   2014   2013   2012

© 2012
HAYMON verlag
Innsbruck-Wien
www.haymonverlag.at

This book is distributed in North America
by the University of Wisconsin Press.

ISBN 978-3-85218-719-8

Umschlag- und Buchgestaltung, Satz | Graphical presentation of cover and text:
hœretzeder grafische gestaltung, Scheffau/Tirol

Gedruckt auf umweltfreundlichem, chlor- und säurefrei gebleichtem Papier. |
Printed on eco-friendly chlorine- and acid-free paper.

*Beschreibung bedeutet Enthüllung. Nicht
das Beschriebene oder ein verfälschtes Faksimile.*

*Description is revelation. It is not
The thing described, nor false facsimile.*

Wallace Stevens, Description without Place

*Stolz ist das Bewusstsein des eigenen Wertes,
Eitelkeit ist die Freude daran.*

*Pride is the recognition of one's own worth.
Vanity its pleasure.*

Fritz Mauthner, Wörterbuch der Philosophie

Content

Inhalt

Preamble

In 1990, after over forty years of workaholic immersion in chemical research, I published my first autobiography, *Steroids made it possible*, as part of a series of autobiographies commissioned by the *American Chemical Society* to present through the eyes of leading chemists some of the major advances in organic chemistry during the second half of the twentieth century. These were actually "pure" autobiographies, virtually free of automythology, since they focused on only one critical readership – sophisticated chemists – and were burdened, in fact overburdened, by precise citations from the chemical literature, thus precluding most forms of fact-massaging. But two years later, aged 69, I published a "true" autobiography, true in the sense that my psychic filter, unburdened by literature citations, could and did operate in full force. And why did I, who through most of my earlier years had been hesitant to disclose many details of my personal life, suddenly start to undress in public? The instigator was my third wife[1], whom I married in 1985 and henceforth called "la ultima" in the sense that she was not only my last wife but also the great love of my life. An authentic American WASC (white Anglo-Saxon Catholic), born in Idaho, she wanted to know how a Jewish, albeit totally non-religious, refugee from Nazi Vienna had turned into a seemingly assimilated American, speaking virtually impeccable though still accented English. Who really was her new and third husband?

---

1   Diane Middlebrook (1938–2007), Professor of English Literature, Stanford University, and author of major biographies of poets such as Anne Sexton, Sylvia Plath and Ted Hughes.

Einleitung

Nachdem ich mich über vierzig Jahre lang wie besessen ausschließlich der chemischen Forschung gewidmet hatte, veröffentlichte ich 1990 meine erste Autobiographie, *Steroids made it possible,* im Rahmen einer von der *American Chemical Society* in Auftrag gegebenen autobiographischen Reihe, die aus Sicht bedeutender Chemiker einige der wichtigsten Fortschritte der organischen Chemie in der zweiten Hälfte des zwanzigsten Jahrhunderts präsentieren sollte. Es handelte sich im Grunde um „reine" Autobiographien, frei von Selbstmythologisierung, denn sie wandten sich nur an eine Gruppe kritischer Leser und Leserinnen – erfahrene Chemiker – und waren mit präzisen Zitaten aus der chemischen Fachliteratur befrachtet, ja eigentlich überfrachtet, was das Zurechtkneten von Fakten weitgehend ausschloss. Zwei Jahre später jedoch, mit neunundsechzig, veröffentlichte ich eine „echte" Autobiographie, echt in dem Sinne, dass mein seelischer Filter unbelastet durch Zitate aus der Fachliteratur seine volle Wirkung entfalten konnte. Und warum begann ich, dem es in früheren Jahren widerstrebt hatte, allzu viele Details aus seinem Privatleben preiszugeben, mich plötzlich in aller Öffentlichkeit zu entblößen? Dazu angestiftet hat mich meine dritte Frau[1], die ich 1985 heiratete und fortan „la ultima" nannte, weil sie nicht nur meine letzte Ehefrau, sondern auch die große Liebe meines Lebens war. Als echte WASC (White Anglo-Saxon Catholic), in Idaho geboren, wollte sie wissen, wieso sich ein jüdischer, wenn

---

1 Diane Middlebrook (1938–2007), Professorin für Englische Literatur,
   Stanford University, und Autorin bedeutender Biographien über
   Dichterinnen und Dichter wie Anne Sexton, Sylvia Plath und Ted Hughes.

Her prompting caused me to embark on a series of short memoirs, dealing in a non-chronological manner with specific events in my life, which to my delight were quickly accepted by some high-quality American literary magazines. Having composed nearly a dozen such memoirs and in the process having become infected by the benign virus of authorial pride in actually reading them in print, I realized that they represented islands in my personal sea. All that remained was to create another dozen and connect these islands by bridges to complete the only type of autobiography I was willing to offer to a general readership, since the remaining gaps would never be disclosed by me. The result was *The Pill, Pygmy Chimps, and Degas' Horse,* translated into numerous languages, though now out of print, which in German translation had the mercifully shorter title *Die Mutter der Pille.*

My inherently self-critical nature soon made me realize that psychic filters do not necessarily function only by deleting certain events. At times, they encourage deliberate embellishment or fictional adjustments that actually tell the reader more about the author's true feelings than a straight-forward account. As Sigmund Freud so aptly stated, "the unconscious speaks through the gaps in ordinary language."

This brings me to the present volume of deeply self-critical poems that record a brief traumatic interval within the bigger story of my third and most important marriage, which lasted for 22 years until my wife, though 16 years younger than I, died in 2007. Its history is best described through Nora Ephron's words in *Heartburn* (1983):

> "I insist on happy endings; I would insist on
> happy beginnings, too, but that's not necessary

auch völlig areligiöser Flüchtling aus dem Wien der Nazizeit in einen offenbar assimilierten Amerikaner verwandelt hatte und ein quasi makelloses, wenn auch immer noch akzentbehaftetes Englisch sprach. Wer war eigentlich ihr neuer, dritter Ehemann?

Ihr Drängen führte dazu, dass ich eine Reihe kurzer Erinnerungen verfasste, die in nicht-chronologischer Abfolge bestimmte Ereignisse meines Lebens behandelten und zu meiner Freude rasch von einigen anspruchsvollen amerikanischen Literaturzeitschriften angenommen wurden. Nachdem ich fast ein Dutzend solcher Erinnerungen verfasst hatte – und mich, als ich sie dann tatsächlich in gedruckter Form sah, mit dem gutartigen Virus des Autorenstolzes infizierte – wurde mir klar, dass sie Inseln in meinem persönlichen Meer darstellten. Nun galt es nur noch ein Dutzend weiterer solcher Inseln zu schaffen und sie mit Brücken zu verbinden, um so die einzige Art von Autobiographie zu vollenden, die ich einem größeren Publikum zu präsentieren bereit war, denn die verbleibenden Lücken würde ich niemals preisgeben. Das Resultat war *The Pill, Pygmy Chimps, and Degas' Horse*, in zahlreiche Sprachen übersetzt (wenn auch mittlerweile vergriffen) und auf Deutsch gnädigerweise mit dem kürzeren Titel *Die Mutter der Pille* versehen.

Da ich von Natur aus zur Selbstkritik neige, wurde mir rasch klar, dass die Funktion seelischer Filter nicht unbedingt nur darin besteht, bestimmte Ereignisse aus dem Gedächtnis zu löschen. Zeitweise fördern sie bewusste Schönfärberei oder fiktive Anpassungen, die dem Leser bzw. der Leserin im Grunde mehr über die wahren Gefühle des Autors verraten als ein direkter Bericht. Wie Sigmund Freud so treffend sagte: „Das Unbewusste spricht durch die Lücken der Alltagssprache."

because all beginnings are intrinsically happy ... middles are a problem. Middles are perhaps the major problem of contemporary society."

And why do I pick this particular citation? Because Ephron's novel was a piercing literary stiletto serving as the "pièce-de-revanche" against her former husband Carl Bernstein, who had abandoned her for a newer model – an experience that I also shared, though only for a year, as detailed below:

On Valentine's Day in 1977, the year following my divorce from my second wife, I met Diane Middlebrook. I fell deeply in love with Diane, who was then in the midst of working on a book entitled *Understanding Modern Poems*. Within days, I persuaded her to move in with me for a 30-day test run of cohabitation, by offering to cook for her and do her laundry – a proposition I had never made before or since to anyone – while she could focus on finishing her book. The consequences of this offer lasted for six years when on 8 May 1983, the great love of my life announced with a tender thunderbolt that she had become enamored of another man. We were through, she said unequivocally, though much more elegantly than I state here. Although not realizing it then, what was ending was the life I had known until then, soon to be supplanted by a new, utterly unexpected turn away from scientific research into the realm of literature.

My solipsistic response at the time – charged with testosterone and adrenaline – was typically male: outraged, self-pitying, and revengeful. How could she fall in love with another man when she had me? And how come I had no inkling? My desire for revenge turned into an outpouring of poems – confessional, self-pitying, even narcissistic. It was a cathartic experience for someone who until then had never written a single line of verse – cathar-

Und so komme ich zu dem vorliegenden Band zutiefst selbstkritischer Gedichte, die ein kurzes traumatisches Intervall innerhalb der umfänglicheren Geschichte meiner dritten und wichtigsten Ehe dokumentieren, die zweiundzwanzig Jahre währte, bis meine Frau, obgleich sechzehn Jahre jünger als ich, 2007 starb. Nora Ephrons Worte in *Sodbrennen oder Quetschkartoffeln gegen Trübsinn* (1983) beschreiben die Geschichte dieser Ehe am besten:

> „Ich bestehe darauf, dass Dinge ein glückliches Ende haben. Ich würde auch darauf bestehen, dass Dinge einen guten Anfang haben, aber das ist nicht nötig, weil Anfänge schon an sich glücklich sind ... der mittlere Abschnitt ist das Problem. Die mittleren Abschnitte sind vielleicht das Hauptproblem unserer heutigen Gesellschaft."

Und warum habe ich ausgerechnet dieses Zitat ausgewählt? Weil Ephrons Roman ein spitzes literarisches Stilett in der „pièce de revanche" gegen ihren Exgatten Carl Bernstein war, der sie gegen ein neueres Modell eingetauscht hatte – eine Erfahrung, die ich gleichfalls machen musste, wenn auch nur Jahr lang, wie ich im Folgenden näher ausführen werde: Am Valentinstag 1977, im Jahr nach der Scheidung von meiner zweiten Frau, begegnete ich Diane Middlebrook. Ich verliebte mich heftig in Diane, die damals an einem Buch mit dem Titel *Understanding Modern Poems* arbeitete. Binnen weniger Tage hatte ich sie überredet, für ein dreißigtägiges Zusammenleben auf Probe bei mir einzuziehen; ich hatte ihr den Vorschlag unterbreitet, für sie zu kochen und zu waschen – ein Angebot, das ich bis dahin niemandem gemacht hatte, und es blieb auch das einzige Mal – damit sie sich ganz auf die Fertigstellung ihres Buchs konzentrieren konnte. Die Konsequenzen die-

tic, because I wanted to revenge myself on her own turf and that of her new lover, who was not a scientist but a literatus manqué. With a few exceptions, none of these poems was published or read by anyone else. They simply had turned into the diary of an unhappy, revengeful man, who never before (or since) had kept a diary. But shortly before this volcanic poetic eruption had subsided, on my 60th birthday I wrote the following poem:

The Clock Runs Backward

At his sixtieth birthday party,
Surrounded by wife, children, and friends,
The man who has everything
Opens his gifts.

Among paperweights, cigars,
Books, silver cases,
Cut glass vases,
Appears a clock
Made by KOOL Designs
In a limited edition.
A clock running backward.
A clock called LOOK.

Amusing.
Just the gift
For the man who has everything.

How Faustian, thought the friend,
Soon to turn sixty himself.
What if it really measured time?

ses Angebots erstreckten sich über sechs Jahre bis zum 8. Mai 1983, als die große Liebe meines Lebens mit sanftem Donnerschlag verkündete, sie sei in einen anderen Mann verliebt. Mit uns sei Schluss, sagte sie klipp und klar, wenn auch viel eleganter, als ich das hier wiedergebe. Obwohl es mir damals nicht bewusst war, endete nun mein bisheriges Leben und nahm schon bald eine neue, vollkommen unerwartete Wendung, weg von der wissenschaftlichen Forschung, hin zum Reich der Literatur.

Meine solipsistische Reaktion damals – befeuert durch Testosteron und Adrenalin – war typisch männlich: empört, voller Selbstmitleid, rachgierig. Wie konnte sie sich in einen anderen verlieben, wenn sie mich hatte? Und wieso hatte ich nicht die leiseste Ahnung gehabt? Mein Rachebedürfnis erfüllte sich in einer Flut von Gedichten – bekenntnishaft, wehleidig, sogar narzisstisch. Es war eine kathartische Erfahrung für jemanden, der bis dahin keine einzige Gedichtzeile geschrieben hatte – kathartisch, weil ich mich auf ihrem Gebiet und dem ihres neuen Geliebten rächen wollte, der kein Wissenschaftler, sondern ein Möchtegern-Schriftsteller war. Mit wenigen Ausnahmen wurde keines dieser Gedichte veröffentlicht oder von jemandem gelesen. Sie verwandelten sich einfach nur in das Tagebuch eines unglücklichen, rachsüchtigen Mannes, der nie zuvor Tagebuch geführt hatte und dies auch seither nicht mehr getan hat. Doch kurz bevor diese poetische Vulkaneruption wieder abebbte, schrieb ich, an meinem 60. Geburtstag, das folgende Gedicht:

As the hands reached fifty,
He stopped them.
Books, hundreds of papers, dozens of honors.
Not bad, he thought: I like this clock.

But fifty was also the time
His marriage had turned sour.
He let the clock run on.

Forty-eight years, forty-five years,
Then forty-one.
Ah yes, the years of collecting:
Paintings, sculptures, and women.
Especially women.

But wasn't that the time
His loneliness had first begun?
Or was it earlier?
Why else would one collect,
Except to fill a void?

Don't hold the hands!
The thirties were best:
Burst of work. Success. Recognition.
Professor in first-rank University.
Birth of his son – now his only survivor.

What about twenty-eight?
Ah yes – he nearly forgot.
The year of THE PILL.
The pill that changed the world.
No – too pretentious, too self-important.
But he did change the life of millions,
Millions of women taking his pill, he thought.

Die Uhr läuft rückwärts

An seinem sechzigsten Geburtstag,
Umringt von Frau, Kindern und Freunden,
Packt der Mann, der alles hat,
Seine Geschenke aus.

Zwischen Briefbeschwerern, Zigarren,
Büchern, silbernen Dosen,
Kristallvasen,
Erscheint eine Uhr,
Hergestellt von KOOL Designs
In limitierter Auflage.
Eine Uhr, die rückwärts läuft.
Die Uhr heißt LOOK.

Amüsant.
Genau das richtige Geschenk
Für den Mann, der alles hat.

Wie faustisch, dachte der Freund,
Der selbst bald sechzig wurde.
Was, wenn sie wirklich die Zeit misst?

Als die Zeiger die Fünfzig erreichten,
Hielt er sie an.
Bücher, Hunderte von Veröffentlichungen,
Dutzende von Ehrungen.
Nicht schlecht, dachte er: Die Uhr gefällt mir.

Allerdings war Fünfzig auch die Zeit,
Als es mit seiner Ehe bergab ging.
Er ließ die Uhr weiterlaufen.

The clock still regresses.
Twenty-seven years:
First-time father, of a daughter,
In time, his only confessor.
Now dead. Killed herself.
The beginning of his second marriage.
The first undone.

Early stigmata of success to come:
The doctorate not yet twenty-two;
The Bachelor of Arts not yet nineteen.
And the fallacy of presumed maturity:
First-time groom not yet twenty.

Backward: Europe. War.
Hitler. Vienna.
Childhood.
Stop. Stop. STOP!

The **pater familias**,
Surrounded by wife, children, friends,
The man who has everything
Is still opening presents.
More paperweights, more silver,
More books, ten pounds of Stilton cheese,
And one more clock.

Thank God it's moving forward,
Thought the friend,
The lonely one,
Who'll soon turn sixty himself.

And smiled at the woman at his side,
The one he had met yesterday.

Achtundvierzig Jahre, fünfundvierzig,
Dann einundvierzig.
Ach ja, die Jahre des Sammelns
Gemälde, Skulpturen und Frauen.
Vor allem Frauen.

Doch war dies nicht auch die Zeit,
Als seine Einsamkeit begann?
Oder begann sie schon früher?
Warum sollte man sonst sammeln,
Wenn nicht, um eine Leere zu füllen?

Halt die Zeiger nicht an!
Die Dreißiger waren die besten:
Berge von Arbeit. Anerkennung. Erfolg.
Professor an Elite-Universität,
Geburt seines Sohnes – nun der Einzige, der ihn
überleben wird.

Und wie war's mit achtundzwanzig?
Ach ja – fast hätte er's vergessen:
Das Jahr der PILLE.
Der Pille, die die Welt veränderte.
Nein – zu anmaßend, zu eingebildet.
Dennoch, er hat das Leben von Millionen
verändert,
Millionen von Frauen, die die Pille nehmen,
(dachte er).

Die Uhr läuft weiter zurück.
Siebenundzwanzig Jahre:
Erstmals Vater, einer Tochter,
Später seine einzige Vertraute.
Jetzt tot. Starb durch eigene Hand.

Who yesterday had said,
"Yes, I'll come with you to Oslo."

And come she did.
But not for long.

Ignoring for the moment the question of any literary quality of this poem, it is clear that it describes concisely – as only a poem can – my autobiography with few faults, foibles or warts hidden and does so without automythological improvements. How come? Because it is the summary of my poetic diary and diaries – written in the heat of emotion and mostly only with the diarist in mind – are generally not subject to self-reflective scrutiny and refinement. *The Clock Runs Backward* is one of the few poems of that period that I published and the only one that was also translated into some foreign languages including German.

Finding poetry too constraining a vehicle for my narcissistic wrath, I proceeded to write a novel of unrequited and discarded amour, a supposedly clever "roman á clef" focusing on a terrible lapse of judgment on the part of an elegant feminist, who had dropped her eminent scientist-lover for some unknown littérateur. My masterpiece's title, *Middles*, I borrowed from the earlier mentioned Nora Ephron's *Heartburn*. But as my novel's "objet-de-revanche" was meant to be Diane Middlebrook, I was embarking on roman-á-cleffery at an extraordinarily transparent level by simply using my novel's title as an unsubtle reference to the first half of my departed lover's name *Middlebrook*. Yet in terms of our personal history, it proved to be prophetic, because it turned out that it was written during the middle and not the apparent end of our relationship.

Der Beginn seiner zweiten Ehe.
Die erste aufgelöst.

Frühe Stigmata künftigen Erfolgs:
Die Promotion, er war noch keine
zweiundzwanzig;
Der Bachelor of Arts, er war noch keine
neunzehn.
Und der Irrtum, sich für reif zu halten:
Zum ersten Mal Bräutigam, noch keine zwanzig.

Noch früher: Europa. Krieg.
Hitler. Wien.
Kindheit.
Halt! Halt! HALT!

Der **Paterfamilias**,
Umringt von Frau, Kindern, Freunden,
Der Mann, der alles hat,
Packt immer noch Geschenke aus.
Noch mehr Briefbeschwerer, noch mehr Silber,
Noch mehr Bücher, zehn Pfund Stiltonkäse,
Und noch eine Uhr.

Gott sei Dank, sie läuft vorwärts,
Dachte der Freund,
Der einsame,
Der selbst bald sechzig wurde.

Und lächelte die Frau an seiner Seite an,
Die Frau, die er seit gestern kannte.
Die gestern gesagt hatte:
„Ja, ich komme mit nach Oslo."

My ability to complete an entire novel under less than ideal conditions – on airplanes, in hotels, and at scientific conferences – impressed me sufficiently that I actually started to look into getting it published. Fortunately, my muse intervened. Exactly one year later, on May 8, 1984, I received a note and flowers from Diane Middlebrook, whom I had not expected to ever encounter again. Her message, essentially, was: "A year has passed. Let's talk." Of course, I accepted; though instead of flowers I presented her in return with a selection of the more brutally frank chapters of *Middles*. Although in everyday life, I possess a sense of humor, *Middles* suffered from a conspicuous lack of it. Furthermore, as Diane made brutally clear, its structure was too linear, the dialog forced. (I conceded that point, blaming it on four decades of still-too-ingrained scientific writing, with its monological and impersonal monotony). Our reconciliation took some months, but even from the early stages of our rapprochement, we realized that we would never part again. In some silly and yet fundamental way, *Middles* helped. Diane tried to persuade me that the novel was unpublishable on many grounds, discretion being only one of them. I promised never to publish that manuscript if we got married, and marry we did on June 21, 1985. The commitment between us was expressed in a moving poem that Diane wrote on that occasion, using a 1930 drawing, entitled *Geschwister,* by my favorite artist, Paul Klee for inspiration.

After Klee's Geschwister
By Diane Middlebrook

As in Plato's fable, they are two in one,
Their eyes focus different angles

Und sie kam.
Doch allzu kurz.

Lässt man die Frage der literarischen Qualität dieses
Gedichts einmal beiseite, wird klar, dass es – so prägnant,
wie dies nur ein Gedicht vermag – meine Autobiographie
beschreibt, nur wenige Fehler und Schwächen verbirgt
und ohne selbstmythologisierende Beschönigungen aus-
kommt. Wie kann das sein? Weil es die Summe meines
poetischen Tagebuchs ist, und Tagebücher – in der Hitze
des Affekts meist nur für den Tagebuchschreiber selbst
verfasst – generell nicht Gegenstand selbstreflexiver Prü-
fung und Läuterung sind. *Die Uhr läuft rückwärts* ist eines
der wenigen Gedichte jener Periode, die ich veröffentlicht
habe, und das einzige, das in mehrere Sprachen übersetzt
wurde, unter anderem ins Deutsche.

Da mir Lyrik ein allzu beschränktes Ausdrucksmittel für
meinen narzisstischen Groll zu sein schien, schrieb ich
als Nächstes einen Roman über eine schlecht vergoltene,
weggeworfene Liebesbeziehung. Er war als geistreicher
„Schlüsselroman" gedacht und handelte in erster Linie
von einer eleganten Feministin, die ihren Geliebten, den
berühmten Wissenschaftler, zugunsten eines unbekann-
ten Literaten fallengelassen hat. Den Titel meines Meister-
werks, *Middles*, borgte ich mir aus Nora Ephrons bereits
erwähntem Roman. Da das „objet-de-revanche" meines
Romans jedoch Diane Middlebrook sein sollte, legte ich
diesen Schlüsselroman auf einer außergewöhnlich trans-
parenten Ebene an, indem ich den Romantitel als plumpe
Anspielung auf die erste Hälfte des Namens meiner ehe-
maligen Geliebten – „Middlebrook" – benutzte. Doch im
Hinblick auf unsere private Geschichte erwies sich die-
ser Titel als prophetisch, weil der Roman, wie sich zeigte,

on – it must be hoped – the same horizons,
for the delicate feet point in the same direction,
and in the little heart hanging between them
     like a purse
they carry the same wishes.
The clever painter has made them nine years old
Like us: Geschwister, brother and sister,
Two lives braided into one body
Never, never to part.

This recovery from my hurt vanity – hardly an attractive feature of my own persona – had not only a sublime emotional consequence, but also led to my totally unexpected departure from the scientific world I had occupied for half a century into the new turf of literature. As my severest critic pointed out, *Middles* did show occasional flashes of insight. And most important, she observed, it demonstrated that I possessed a writer's discipline. "If you want to write fiction," she advised, "first try short stories and learn how to kill your literary darlings."

Eventually, I followed her advice. I completed a book of short stories and then turned to fiction, mostly in a genre I called "science-in-fiction" that should not be confused with science fiction and eventually moved to playwriting. For the past twenty odd years this has become my creative life and will almost certainly continue to be so until my death. And why am I so sure of this prognosis? As someone once said, many fiction writers are autobiographers wearing a mask and there is no question that I have turned into such a bearer of masks. (Indeed, one of my short stories is entitled *Maskenfreiheit*). Once I recognized the fictional components of autobiography, I realized that the only place where I could write true, unvarnished

in der Mitte unserer Beziehung geschrieben wurde, nicht an ihrem scheinbaren Ende.

Meine Fähigkeit, unter keineswegs idealen Bedingungen – im Flugzeug, in Hotels und bei wissenschaftlichen Konferenzen – einen ganzen Roman zu vollenden, beeindruckte mich so sehr, dass ich schließlich nach einer Möglichkeit suchte, ihn zu veröffentlichen. Zum Glück griff meine Muse ein. Genau ein Jahr später, am 8. Mai 1984, erhielt ich ein Briefchen und Blumen von Diane Middlebrook. Ich hatte nicht erwartet, sie jemals wiederzusehen. Ihre Nachricht lautete im Wesentlichen: „Ein Jahr ist vergangen. Wir sollten miteinander reden." Natürlich ging ich darauf ein; auch wenn ich mich, statt mit Blumen, mit einer Auswahl schonungslos ehrlicher Kapitel aus *Middles* revanchierte. Obwohl ich im Alltag durchaus Humor besitze, war in *Middles* keine Spurr davon zu finden. Darüber hinaus machte Diane mir unbarmherzig klar, der Aufbau des Romans sei zu linear, die Dialoge wirkten forciert. (In diesem Punkt gab ich ihr Recht und schob dies darauf, dass ich vier Jahrzehnte lang wissenschaftliche Texte verfasst hatte, von deren monologisch-unpersönlichem, monotonem Stil ich mich immer noch nicht lösen konnte.) Unsere Versöhnung nahm ein paar Monate in Anspruch, doch schon im frühen Stadium unserer Wiederannäherung wurde uns klar, dass wir uns nie mehr trennen würden. Auf alberne und doch grundlegende Weise half dabei *Middles*. Diane versuchte mich zu überzeugen, dass vielerlei Gründe gegen die Veröffentlichung sprachen, unter anderem das Gebot der Diskretion. Ich versprach ihr, das Manuskript nie zu publizieren, wenn wir heiraten würden, und das taten wir am 21. Juni 1985. Unsere Bindung fand Ausdruck in einem bewegenden Gedicht, das Diane zu diesem Anlass schrieb. Inspiriert wurde sie durch eine 1930 entstandene Zeichnung meines Lieblingsmalers Paul Klee, die den Titel *Geschwister* trägt.

autobiography was disguised in my fiction – a process that has turned into a form of autopsychoanalysis from which I have learned much about myself.

This brings me back to my "diary" poems and associated memories, which have rested for nearly 30 years in a locked drawer to be finally re-read and revised by me three years after my wife's death. What I found and decided to share at a time that the actuarial facts of my own life have become all too self-evident, is a tale of conceit and failure, of love and sadness, of the curative power of time elapsed, and of the insight I finally recognized in the old Latin proverb: "Revenge is but a confession of pain."

Nach Klees Zeichnung *Geschwister*
von Diane Middlebrook

Wie in Platos Fabel, zwei in einem,
Abweichender Fokus ihrer Blicke,
Auf – hoffentlich – die gleichen Horizonte,
Denn ihre zarten Füße weisen in die
gleiche Richtung,
Und in dem kleinen Herzen,
Das wie ein Beutel zwischen ihnen hängt
Tragen sie die gleichen Wünsche.
Der kluge Zeichner machte sie neun Jahre alt
wie uns: Geschwister, Bruder und Schwester,
Zwei Leben, in einen Leib geflochten,
Um sich nie, nie zu trennen.

Diese Heilung meiner verletzten Eitelkeit – ein nicht
gerade sympathischer Zug meiner Persönlichkeit – hatte
nicht nur auf emotionaler Ebene unglaubliche Konsequen-
zen, sondern führte auch zu meinem gänzlich unerwar-
teten Aufbruch aus der Welt der Wissenschaft, in der ich
mich ein halbes Jahrhundert lang bewegt hatte, ins Neu-
land der Literatur. Nach Ansicht meiner strengsten Kritike-
rin blitzten in *Middles* durchaus gelegentlich Erkenntnisse
auf. Vor allem zeige sich, dass ich schriftstellerische Diszi-
plin besitze. „Wenn du Romane schreiben willst", empfahl
sie mir, „versuch es erst einmal mit Kurzgeschichten und
schaff dir deine literarischen Lieblingsautoren vom Hals."
   Schließlich befolgte ich ihren Rat. Ich schrieb einen
Band Kurzgeschichten, wandte mich dann Romanen zu
– hauptsächlich einem Genre, das ich „science-in-fiction"
(Wissenschaft in der Fiktion) nannte, nicht zu verwech-
seln mit Science-Fiction – und wagte mich schließlich an
Theaterstücke. Seit über zwanzig Jahren besteht darin nun

mein kreatives Leben, und dies wird höchstwahrscheinlich bis zu meinem Tod so bleiben. Warum ich mir mit dieser Prognose so sicher bin? Irgendjemand hat einmal gesagt, viele Romanautoren seien eigentlich Autoren von Autobiographien, die sich hinter einer Maske verbergen, zweifellos bin auch ich zu einem solchen Maskenträger geworden (tatsächlich heißt eine meiner Kurzgeschichten *Maskenfreiheit*). Nachdem ich die fiktionalen Komponenten der Autobiographie erkannt hatte, wurde mir klar, dass ich nur auf eine Art wahr und ungeschminkt autobiographisch schreiben konnte: verkleidet in meinen fiktiven Texten – ein Prozess, der sich in eine Form der Selbstanalyse verwandelt hat, durch den ich viel über mich selbst gelernt habe.

Dies führt mich wieder zu meinen „Tagebuch"-Gedichten und den damit verknüpften Erinnerungen, die über dreißig Jahre lang in einer verschlossenen Schublade geruht hatten, bis ich sie schließlich, drei Jahre nach dem Tod meiner Frau, wieder las und überarbeitete. Was ich fand und zu veröffentlichen beschloss – zu einem Zeitpunkt, an dem die versicherungsmathematischen Fakten meines eigenen Lebens ganz offenkundig auf der Hand liegen – ist eine Geschichte von Dünkel und Versagen, Liebe und Trauer, von der heilenden Kraft der Zeit und von der Erkenntnis, die sich mir schließlich in dem alten lateinischen Sprichwort erschloss: „Rache ist nur das Eingeständnis des Schmerzes."

Curtain Raiser

Private revenge with a public touch

When cheated privately,
One wants private revenge.
When cheated publicly,
One wants public revenge.
The logic is impeccable,
Its subtlety open to question.

I was cheated privately,
Primarily through absence of words.
I was cheated publicly,
Primarily through distance.
Here is my revenge,
Primarily private, but with a public touch:

I shall write you poems,
Public poems for all to read,
Where the private meaning is the lock
To which only you carry the key.
If keys can be bitter,
Let this be one.

Auftakt

Bitterer Schlüssel

Wer privat betrogen wird,
Verlangt nach privater Rache.
Wer öffentlich betrogen wird,
Verlangt nach öffentlicher Rache.
Die Logik ist makellos,
Ihre Subtilität anfechtbar.

Ich wurde privat betrogen,
In erster Linie durch das Fehlen von Worten.
Ich wurde öffentlich betrogen,
In erster Linie durch Distanz.
Hier ist meine Rache,
In erster Linie privat, aber mit öffentlichem Touch:

Ich werde Gedichte für dich schreiben,
Öffentliche Gedichte, die Jeder lesen kann,
Deren private Bedeutung das Schloss ist,
Zu dem nur du den Schlüssel hast.
Wenn es bittere Schlüssel gibt,
Möge dies einer sein.

My muse is resentment, the poem my revenge

"What are you doing these days?"
Asked the Swiss chemist
On a steamy Basel night.
"I mean outside the laboratory."

Writing poems.

"You? Writing poems? Nature poems?"

Human nature.

"Humorous ones?"

Gallow humor.

Should I've told the friendly chemist
Why pain and resentment were my muse?
Undressing is only easy with total strangers
Or intimate friends.
He was neither.

The pain is mostly gone now,
Displaced by resentment.
Rich, fertile, ever-swelling resentment.
Not a pretty feeling,
But neither is revenge,
Especially when born of resentment.

How does a chemist
Revenge himself against a poet?
Synthesize a poem?

Meine Muse ist Groll, das Gedicht ist die Rache

„Und was machst du so zur Zeit?"
Fragte der Schweizer Chemiker
An einem dunstigen Abend in Basel.
„Ich meine, wenn du mal nicht im Labor bist."

Gedichte schreiben.

„Du? Gedichte? Über die Natur?"

Die menschliche Natur.

„Humoristisch?"

Galgenhumor.

Hätte ich dem netten Chemiker verraten sollen,
Warum Schmerz und Groll meine Musen waren?
Sich zu entblößen, fällt nur bei völlig Fremden leicht
Oder vertrauten Freunden.
Er war keines von beidem.

Der Schmerz ist mittlerweile fast verschwunden,
Verdrängt vom Groll.
Ergiebigem, fruchtbarem, stetig wachsendem Groll,
Kein schönes Gefühl,
Ebenso wenig wie Rache,
Vor allem, wenn sie dem Groll entspringt.

Wie rächt sich ein Chemiker
An einer Dichterin?
Indem er ein Gedicht synthetisiert?

Distil its essence?
Filter the impurities?
Evaporate it to dryness?

Stop the sophistry!
Write the poem.

Seine Essenz destilliert?
Die Verunreinigungen herausfiltert?
Es eindampft?

Schluss mit den Spitzfindigkeiten!
Schreib das Gedicht.

Hairshirt

(i) Cast of Characters

HE.

Jew – survivor;
    not native-born.
Affluent – self-made;
    not inherited.
Well-read – though not a poet;
    a scientist (distinguished).
Self-assured – to the public;
    it even fooled her.
Overpowering – to most, at least initially;
    she seemed to cope.
Arrogant – often barely tolerable;
    at times becomingly;
Aesthetically acute – sometimes humorous;
    she particularly liked the humor.
Strikingly impatient – in everything but love;
    at one time she would have agreed.
Elegant – in dress and speech (accented);
    she adored the accent.
Age – past the prime;
    (he thought not too noticeably).
Hair – silver waves;
    (his narcissistic synonym for grey).
Eyes – brown and piercing;
    his best, yet most disturbing feature.
Nose – she called it aquiline;
    (he never did).

Büßerhemd

(i) Besetzung

ER.

Jude – Überlebender;
      nicht in Amerika geboren.
Begütert – aus eigener Kraft;
      nicht durch Erbschaft.
Belesen – jedoch kein Dichter;
      Wissenschaftler (berühmt)
Selbstbewusst – in der Öffentlichkeit;
      sogar sie ließ sich täuschen.
Erdrückend – für die meisten, zumindest anfangs;
      sie schien dem gewachsen;
Arrogant – oft beinah unerträglich;
      zuweilen charmant
Ein Ästhet – manchmal humorvoll;
      ihr gefiel besonders sein Humor.
Immer zu ungeduldig – nur nicht in der Liebe;
      einst hätte sie dem zugestimmt.
Elegant – in Erscheinung und Sprache (mit Akzent);
      sie liebte seinen Akzent;
Alter – nicht mehr in den besten Jahren;
      (er dachte, es falle kaum auf)
Haar – silbern gewellt;
      (sein narzisstisches Synonym für grau).
Augen – braun, durchdringender Blick;
      das Beste, aber auch Verstörendste an ihm.
Nase – sie nannte sie Adlernase
      (er nie)

Anything else of relevance?
Not really, except his loneliness.
So overpowering,
So persistent,
As to be overlooked by most
(Including her).

In other words
Sui generis.

SHE.

WASC.
("C" for Catholic).
No matter.
To a Jew they are all goy.
Genteelly poor – from birth until she met him.
Eventually the fatal flaw.
A littérateur, poet and wordsmith,
      with barely an use for scientists.
Highly honed prose – almost too polished.
Flawless reader – a true Vocalissima.
Self-assured – to all except her shrink.
Not truly beautiful:
      hips: a touch too high;
      breasts: full, but now a touch too droopy;
      forehead: a touch too short;
      nose: a touch too small;
      hair: a touch of grey needing to be masked;
      legs: spectacular, with just a touch of blemish.

Sonst noch etwas von Bedeutung?
Eigentlich nicht, bis auf seine Einsamkeit.
So erdrückend,
So anhaltend,
Dass die meisten sie übersahen
(auch sie).

Mit anderen Worten:
Sui generis.

SIE.

WASC
(„C" für Catholic)
Egal.
Für einen Juden sind sie alle Gojim.
Vornehme Armut – von Geburt an, bis sie ihn
kennenlernte.
Letztlich der fatale Makel.
Eine Literatin, Poetin und Wortschöpferin,
     die wenig Sinn für Naturwissenschaftler hatte.
Sehr elegante Prosa – fast zu geschliffen.
Grandiose Vortragskünstlerin – eine wahre Vocalissima.
Selbstbewusst – nur nicht bei ihrem Therapeuten.
Nicht wirklich schön im klassischen Sinn:
     Hüften etwas zu hoch;
     Brüste voll, doch mittlerweile etwas zu schlaff;
     Stirn etwas zu niedrig;
     Nase etwas zu klein;
     Haar – normal, fast ohne Grau, das kaschiert
     werden musste
     Beine – traumhaft, fast makellos.

Ex-alcoholic;
Does not exercise;
Consumes coffee in quantity and manner grating to his
European taste.
(Coffee before the soup?!)

You ask, is that all?
No.
There is more:

She was only the most arresting woman he'd ever met.
Somehow,
The hips a touch too high,
The other imperfections
Blended into a startling presence.
Add to this style in speech,
Style in dress,
Style in movement.
(She does not walk:
She glidingly strides or stridingly glides.)

In other words
Avis rarissima.

(ii) Nuggets of Further Relevant Information

Both married twice.
Both had lovers by the dozen.

The first three years were blinding
In their beauty, yet colored,

Ex-Alkoholikerin;
Treibt keinen Sport;
Konsumiert Kaffee; in Mengen und in einer Form,
Die unerträglich sind für seinen europäischen Geschmack.
(Kaffee vor der Suppe?!)

Sie fragen, ist das alles?
Nein.
Es kommt noch mehr:

Sie war einfach die faszinierendste Frau,
der er je begegnet war.
Die etwas zu hohen Hüften,
Die anderen Unvollkommenheiten
Verschmolzen irgendwie
Zu einer überraschenden Erscheinung.
Dazu die Eleganz der Sprache,
Die Eleganz der Kleidung,
Die Eleganz der Bewegungen.
(Sie geht nicht:
Sie schwebt schreitend oder schreitet schwebend)

Mit anderen Worten
Avis rarissima.

(ii) Weitere wichtige Informationen

Beide zweimal verheiratet.
Beide hatten dutzendweise Geliebte.

Die ersten drei Jahre waren blendend
Vor lauter Schönheit, wenn auch verfärbt,

No, not colored, marred, by infidelities.
Both very mature about it,
But underneath,
Both intensely jealous.

Stunning in that they survived,
His need to be recognized publicly by her,
Her need to deny him such recognition.

Now to the benefits of his affluence,
To the net (golden, yet nearly transparent)
Neither realized he'd placed over her:

The lights of San Francisco from his bed,
From the shower,
Even the toilet seat.
"This is the place to have diarrhea in"
He boasted.
She agreed.

The view from his couch:
The light beacon from Alcatraz,
Like a diamond flashing in the sun.
The veil of fog dropping unto the Golden Gate
Until the bridge was draped;
The gradual lifting of the veil;
No striptease here, quite un-American,
Mere delicate exposure with a Moorish touch.

The country retreat – a wealthy hermit's cave;
The paintings – small, subtle, complicated;
The sculptures – huge, yet strangely feminine;
The operas – from Monteverdi to Berg;
The way he clothed her – skirting the line of ostentation.

Nein, nicht verfärbt, durch Untreue entstellt.
Beide sehr erwachsen im Umgang damit,
Doch unter der Oberfläche,
Beide sehr eifersüchtig.

Erstaunlich, dass sie das überstanden,
Sein Bedürfnis, öffentlich von ihr anerkannt zu werden,
Ihr Bedürfnis, ihm diese Anerkennung zu verweigern.

Nun zu den Vorteilen seines Wohlstands,
Zu dem Netz (golden, wenn auch fast transparent)
Das er, von beiden unbemerkt, über sie gebreitet hatte:

San Franciscos Lichtermeer von seinem Bett aus,
Von der Dusche,
Selbst von der Toilette aus.
„Das richtige Ambiente, um Durchfall zu haben",
Prahlte er.
Sie stimmte zu.

Der Blick von seiner Couch:
Das Leuchtfeuer von Alcatraz,
Wie ein gleißender Diamant im Sonnenlicht.
Der Nebelvorhang, der sich auf die Golden Gate Bridge
senkt,
Bis er sie ganz verhüllt;
Das langsame Heben des Schleiers;
Kein Striptease, recht unamerikanisch,
Zarte Entblößung nur, mit maurischem Touch.

Das Landhaus – die Höhle eines reichen Einsiedlers;
Die Gemälde – klein, subtil, kompliziert.
Die Skulpturen – riesig, und doch seltsam weiblich;
Die Opern – von Monteverdi bis Berg;
Die Art, wie er sie kleidete – an der Grenze zum Prunk.

And most tempting of all:
His amorous geography lessons.
Travel to places most academic poets
do not even know exist:
Noumea,
Madang,
Kirkenes
      (her first time above the Arctic Circle),
Tenerife,
Swakopmund
      (the Kafe Anton and the Namib desert),
Phillipsburg
      (the nude beaches),
Khiva,
Academgorodok
      (Siberian fall and winter in one hour).

Or places everybody knows
But does not necessarily visit
(When genteelly poor):
Vienna:
      place of his birth,
      site of his departure;
Sofia:
      odd source of his first English words;
Jerusalem:
      Pay careful attention to the following story:

Goy lover visits Yad V'Shem – memorial to the
holocaust.
Goy lover deeply moved by glimpse into his past.
Goy lover offers survivor Jew the ultimate gift:
A poem,
Containing, inter alia, the lines:

Und die größte Verführung:
Seine amourösen Geographiestunden
An Orte zu reisen, von deren Existenz
Poetische Professorinnen meist nicht mal etwas ahnen:
Noumea,
Madang,
Kirkenes
        (ihr erster Aufenthalt oberhalb des
        Nördlichen Polarkreises),
Teneriffa,
Swakopmund
        (das Café Anton und die Wüste Namib),
Phillipsburg
        (die Nacktbadestrände),
Xiva,
Akademgorodok
        (Sibirischer Herbst und Winter binnen einer
        Stunde).

Oder Orte, die zwar jeder kennt
Aber nicht unbedingt besucht
(Wenn man vornehm arm ist):
Wien:
        sein Geburtsort
        Schauplatz seiner Flucht;
Sofia:
        kurioser Ursprung seiner ersten englischen
        Worte;
Jerusalem:
        Achten Sie besonders auf die folgende
        Geschichte:

Gojische Liebe besucht Yad Vashem – Gedenkstätte zur
Erinnerung an den Holocaust.

When I kiss each hair of your head,
Carl, Carl,
Brown silver white
And of your beard
And each hair of your breast, wrist, thigh
Silver and brown,
I am kissing a survivor.

Survivor Jew,
Other Jews
All overwhelmed:
"Deep down, this shiksa is one of us."

The rest was all downhill,
Though hardly a steep slide.

During their seventh year
        (sabbatical from concubinage?),
During her academic sabbatical
        (At Harvard – where else?)
Reliving the pleasures of genteel academic poverty,
She discovers the danger of his golden net
And cuts it.
A younger lover
(Jew, not survivor nor scientist)
Helped.

Gojische Liebe ist tief bewegt durch Einblick in seine
Vergangenheit.
Gojische Liebe macht jüdischem Überlebenden das
schönste Geschenk:
Ein Gedicht,
Das, inter alia, folgende Zeilen enthält:

> *Küsse ich jedes einzelne Haar auf deinem Kopf,*
> *Carl, Carl,*
> *Braun silbern weiß*
> *Und in deinem Bart*
> *und jedes Haar auf Brust und Handgelenk und*
> *Oberschenkel,*
> *silbern und braun,*
> *küsse ich einen Überlebenden.*

Überlebender Jude,
Andere Juden,
Alle überwältigt:
„Tief innen ist diese Schickse Eine von uns."

Dann ging es nur noch bergab,
Doch selten steil.

Während ihres siebten gemeinsamen Jahrs
        (Sabbatjahr – Auszeit vom Konkubinat?),
Während ihres wissenschaftlichen Sabbatjahrs
        (In Harvard – wo sonst?)
Lebt sie erneut die Freuden vornehmer akademischer
Armut,
Erkennt die Gefahr durch sein goldenes Netz
Und zertrennt es.
Ein jüngerer Liebhaber
(Jude, weder Überlebender noch Wissenschaftler)
Half.

(iii) The Shirt

The wealthy, elegant, discarded lover
Wallowing in self-pity
(After envy the ugliest of luxuries)
Selects a hairshirt,
Slips it on,
And finds it fits.

Item:
At home,
Three thousand miles away,
The word has spread:
"Can you believe it,
 She dropped him just like that?"
The predatory male,
The collector shed!

Impressed, and envious of her,
The women covet him:
        "Let me console you,
         Let me mother you,
         Let me caress you."

Drawing the hairshirt tighter, he refuses.

Item:
"I have to change her message on the telephone
 recorder."
 One day, forgetting,
 He calls the number, is startled by his voice:
 "If you want to speak to ...,
 You can reach her ...

(iii) Das Hemd

Der reiche, elegante, abgelegte Liebhaber
Schwelgend in Selbstmitleid
(Nach Neid der hässlichste Luxus)
Wählt ein Büßerhemd,
Streift es über,
Und merkt, es passt.

Item:
Zu Hause,
Dreitausend Meilen entfernt,
Hat es sich herumgesprochen:
„Kaum zu glauben,
Sie hat ihn einfach fallengelassen!"
Der Jäger,
Der Sammler, einfach abserviert!

Beeindruckt, neidisch auf sie,
Begehren ihn die Frauen:
        „Lass mich dich trösten,
          Lass mich dich bemuttern,
          Lass mich dich liebkosen."

Das Büßerhemd enger um sich ziehend,
lehnt er ab.

Item:
„Ich muss ihre Ansage auf dem Anrufbeantworter
ändern."
Eines Tages, er hatte es vergessen,
Wählt er die Nummer, hört erschrocken seine Stimme
„Falls Sie ... sprechen wollen,
Erreichen Sie sie unter ..."

Item:
The shared mailbox,
The slash between their names,
His mysterious one
(How do you spell it?"
      "How do you pronounce it?"
      "Where are you from?"
      "What kind of accent is this?"
       Always in that order.)
       Joined with her simple Anglo-Saxon one
            (Never a question asked).

This public gesture of togetherness
Precious because so rare,
He turned into a single name
Which in the process lost its luster.
No wonder
When last he looked
The box was empty.

Item:
The littérateur's many books still line his walls.
To what address should they be sent?
He loathes their spines,
Yet dreads her gravestone:
The walls of empty bookcases.
For hours, he examines titles:

Toward a Recognition of Androgyny (Heilbrun)
Lesbian Images (Rule)
States of Desire (White)
The History of Sexuality (Foucault)

            and wonders.

Item:
Der gemeinsame Briefkasten
Der Schrägstrich zwischen ihren Namen,
Sein rätselhafter Name
(„Wie buchstabiert man ihn?"
„Wie spricht man ihn aus?
„Wo stammen Sie her?"
„Was für ein Akzent ist das?"
Stets in dieser Reihenfolge.)
Und ihr schlichter, angelsächsischer Name
(Nie eine Frage dazu.)

Diese öffentliche Geste der Zusammengehörigkeit
Kostbar, da so rar,
Hat er in einen einzigen Namen verwandelt,
Der dabei seinen Glanz verlor.
Kein Wunder,
Neulich, als er nach der Post sah,
War der Kasten leer.

Item:
Die vielen Bücher der Literatin säumen noch
seine Wände.
An welche Adresse soll er sie senden?
Obwohl er die Buchrücken hasst,
Graut ihm vor ihrem Grabstein:
Wände voll leerer Regale.
Stundenlang studiert er Titel

Hin zu einer Anerkennung der Androgynität (Heilbrun)
Lesbische Metaphern (Rule)
Staaten der Sehnsucht (White)
Geschichte der Sexualität (Foucault)

und macht sich Gedanken.

Looks for inscriptions on the fly leaves:

> Names he'd never noticed

> and wonders.

And at the dates:

> Was it before,
> Was it after,
> Or was it before and after?

> and wonders.

Item:
Self-pity yields to resentment.
Resentment becomes his muse.
He writes:

I shall write you a poem,
A public poem,
Where the private meaning is the lock
To which only you carry the key.

If keys can be bitter,
Let this one be.

Item:
Re-reading Wallace Stevens
(*Good Man, Bad Woman* –
What a righteous title!)
He's stung by the line
"Pure scientist, you look with nice aplomb."
Defense becomes his muse.

Sucht nach Widmungen auf den Vorsatzblättern:

Namen, die ihm nie aufgefallen waren

und macht sich Gedanken.

Und starrt auf die Daten:

War es davor,
War es danach,
Oder davor und danach?

und macht sich Gedanken.

Item:
Selbstmitleid weicht dem Groll
Groll wird zu seiner Muse.
Er schreibt:

Ich werde dir ein Gedicht schreiben,
Ein öffentliches Gedicht,
Dessen private Bedeutung das Schloss ist
Zu dem nur du den Schlüssel hast.

Wenn es bittere Schlüssel gibt,
Dann möge dies einer sein.

Item:
Beim Wiederlesen von Wallace Stevens
(*Good Man, Bad Woman* –
Was für ein gerechter Titel!)
Versetzt ihm diese Zeile einen Stich:
„Du, reiner Wissenschaftler, schaust mit schöner
Gelassenheit ...“
Verteidigung wird zu seiner Muse.

He writes:

> *I, the scientist,*
> *Read these words*
> *And snort*
> *Without aplomb.*
>
> *Today*
> *Is any scientist*
> *Pure?*
> *Especially to poets?*
>
> *Is aplomb*
> *Ever nice*
> *To the spectator*
> *Hiding envy?*
>
> *Poet – don't you know*
> *There are as few scientists*
> *With aplomb*
> *As there are poets?"*

Item:
Covering his hairshirt
He leaves the cave
Not really knowing whom to seek
Knowing what not to seek.

The first encounters leave him baffled.
All three younger than she;
All smoother-skinned –
In every sense.
All much more loving.
One more elegant;

Er schreibt:

Ich, der Wissenschaftler,
Lese diese Worte
Und schnaube,
Keineswegs gelassen.

Ist heutzutage
Überhaupt ein Wissenschaftler
Rein?
Insbesondere aus Sicht der Dichter?

Ist Gelassenheit
Jemals schön
Für den Betrachter,
Der seinen Neid verbirgt?

Dichter, weißt du nicht,
Dass es so wenig gelassene Wissenschaftler
Gibt, wie Dichter?

Item:
Sein Büßerhemd tarnend
Verlässt er die Höhle
Ohne recht zu wissen, wen er sucht
Wissend, was er nicht sucht

Die ersten Begegnungen verblüffen ihn.
Alle drei jünger als sie;
Alle weicher, nicht nur
Hinsichtlich der glatteren Haut.
Alle viel liebevoller.
Eine eleganter;

One as elegant;
The third, less so.
None a poet
            (Good!)
No scientists.
            (Better!)
All are androgynous
None wants children
            (For once, his vasectomy is not wasted).
But stripping him,
They note his hairshirt's marks

            and wonder.

He wears his hairshirt often,
Sometimes brazenly,
Sometimes hidden;
But always tight
A second skin.

But now, he also weaves a second shirt.
First carelessly,
            as in a trance.
Now deliberately,
            almost with cunning.
Remembering every day of their years,
He weaves one with a perfect fit
For her:
This poem – to be read by all.

Eine ebenso elegant;
Die Dritte weniger.
Keine von ihnen Dichterin
     (Gut!)
Keine Wissenschaftlerin
     (Noch besser!)
Alle androgyn
Keine will Kinder
     (Endlich ist seine Vasektomie mal nicht umsonst)
Doch als sie ihn entkleiden,
Bemerken sie die Spuren seines Büßerhemds

    und machen sich Gedanken.

Er trägt sein Büßerhemd häufig
Manchmal schamlos,
Manchmal heimlich.
Doch immer eng anliegend
Eine zweite Haut.

Nun aber webt er sich ein zweites Hemd.
Erst tat er es gedankenlos,
    wie in Trance,
Jetzt webt er ganz bewusst,
    beinah geschickt.
In Erinnerung an die gemeinsamen Tage und Jahre
Webt er ein Hemd, das passt wie angegossen
Für sie:
Dieses Gedicht – das Jeder lesen kann.

Foreplay

Why are chemists not poets?

Take the chemists.
By definition
Synthesizers of molecules;
Dissectors of molecules;
Manipulators of molecules.

For *molecules* read *words*:
You have defined the poet.

Why then
Are chemists seldom poets?

Initially
Chemists dilute.
Yet eventually
They always concentrate,
Evaporate, distill
To reach their goal.

While some poets dilute,
The best are thickeners.
(No wonder the German poet is a *Dichter*.)
They thicken, *dichten*, concentrate,
Distill,
Until the poem is compacted.

Why then
Are chemists rarely poets?

Vorspiel

Warum sind Chemiker keine Dichter?

Man nehme die Chemiker.
Qua Definition
Synthetisieren sie Moleküle;
Spalten sie Moleküle;
Manipulieren sie Moleküle.

Ersetzt man *Moleküle* durch *Worte*
Erhält man die Definition des Dichters.

Warum sind Chemiker dann
Selten Dichter?

Zunächst
Geht es dem Chemiker
Um Verdünnung.
Schließlich aber stets
Um Konzentration.
Chemiker destillieren, verdampfen,
Um ans Ziel zu gelangen.

Während einige Dichter verdünnen,
Sind die Besten Verdichter.
(Kein Wunder, dass der deutsche Lyriker ein *Dichter* ist.)
Sie verdichten, *dichten*, konzentrieren,
Destillieren
Bis das Gedicht komprimiert ist.

Warum sind Chemiker dann
Fast nie Dichter?

Chemists peer through safety glasses,
Working in fume hoods,
Behind explosion-proof shields,
In a partial vacuum or under an inert atmosphere.

Can you imagine a poet
Writing in such a verse laboratory?
Writing sterile,
Non-explosive,
Non-inflammable,
Vacuous poems?
Poems which, if they stink,
Are kept in a rarefied atmosphere
To hide the stench?

Now you know why
There is no future
For a careless chemist,
A cautious poet.

Chemiker spähen durch Schutzbrillen,
Arbeiten unter Dunstabzügen,
Hinter explosionssicheren Abschirmungen,
Im Teilvakuum oder unter Schutzgasatmosphäre.

Kann man sich vorstellen, dass ein Dichter
In solch einem Verslaboratorium schreibt?
Sterile,
Nichtexplosive
Nicht entflammbare,
Leere Gedichte,
Gedichte, die, falls sie stinken,
In verdünnter Atmosphäre aufbewahrt werden,
Um den Gestank zu kaschieren?

Jetzt wisst ihr, warum
Ein zerstreuter Chemiker,
Ein zaghafter Dichter,
Keine Zukunft haben.

Deformation professionnelle

Somehow
Déformation professionnelle
Sounds much more elegant
Than any English translation.

Leave it to the French
To make it sound
A rare malaise,
A tantalizing vice.

The *déformation professionnelle*
I speak of
Is Leonardo's malaise
That was his virtue.

Or Samuel Johnson – so exquisitely deformed.
Sans déformation professionnelle,
Merely another Dr. Johnson.
Deformed, THE Doctor Johnson.

I am looking for a job
As Professor of Professional Deformation.
If you know of a vacancy,
Call me. Collect.

Deformation professionelle

Irgendwie klingt
Déformation professionelle
Viel eleganter
Als jede Übersetzung.

Die Franzosen sorgen dafür,
Dass es klingt,
Wie eine seltene Krankheit,
Ein verlockendes Laster.

Die *déformation professionelle*
Von der ich spreche,
Ist Leonardos Malaise,
Die ihm zur Tugend gereichte.

Oder Samuel Johnson – auf so exquisite Weise
deformiert.
Sans déformation professionelle,
Nur ein gewöhnlicher Dr. Johnson.
Deformiert, DER Doktor Johnson.

Ich suche einen Job
Als Professor für Professionelle Deformation.
Falls Sie von einer freien Stelle wissen,
Rufen Sie mich an. Auf meine Kosten.

There are no shrinks in Burma

Dedicated to Aung San Suu Kyi (Oxford, 1983)

"Therapists are needed only
Where friends do not listen,"
Said the Burmese Aphrodite at the Oxford party.

Startled, he asked her to explain.
"Burmese lovers ask questions and listen.
In Burma we say, 'Tell me all.
Middlemen are not needed by lovers.'"

He saw the letter in his mind:
"I don't want to see you
until you've been to a shrink."
From the woman he had loved for six years;
The woman who had taken a new lover.

If both had been able to talk,
If both had known how to listen,
Burma would not be so distant.

In Burma gibt es keine Psychotherapeuten

Aung San Suu Kyi gewidmet (Oxford, 1983)

„Psychotherapeuten werden nur gebraucht,
Wo Freunde nicht zuhören",
Sagte die burmesische Aphrodite bei der Party
in Oxford.

Verblüfft bat er sie um eine Erklärung.
„Burmesische Liebende stellen Fragen und hören zu.
In Burma sagen wir ‚Erzähl mir alles.
Liebende brauchen keine Vermittler.'"

Er sah den Brief vor seinem geistigen Auge:
„Ich will dich erst wieder sehen,
wenn du beim Psychotherapeuten warst."
Von der Frau, die er sechs Jahre lang geliebt hatte;
Der Frau, die sich einen neuen Liebhaber genommen
hatte.

Wären Beide fähig gewesen zu reden,
Wären Beide fähig gewesen zuzuhören,
Läge Burma nicht so weit.

L'uomo

"How do you spell your name?"

D *as in David.*
J *as in Joseph.*

"Stop.
All I want is your last name."

"That's what you're getting!
Let's start all over again."

D *as in David.*
J *as in Joseph.*
E *as in Elizabeth.*
R *as in Robert.*
A *as in Alice.*
S *as in saccharin.*
S *as in saccharin.*
I *as in Ida.*

A litany repeated thousands of times
Since arriving, 1939, on these shores.
The text always the same;
But why these names?

David, Joseph, Robert? I hardly know them.
Elizabeth, Ida? Unknown.
Alice? My mother.
Why *saccharin*? Is this the key?
Sweet, but synthetic.

L'uomo

„Wie buchstabiert man Ihren Namen?"

D *wie David.*
J *wie Joseph.*

„Stopp.
Ich brauche nur den Nachnamen."

„Das *ist* der Nachname!
Also, nochmal von vorn."

D *wie David.*
J *wie Joseph.*
E *wie Elizabeth.*
R *wie Robert.*
A *wie Alice.*
S *wie Saccharin.*
S *wie Saccharin.*
I *wie Ida.*

Eine Litanei, tausendfach wiederholt,
Seit er 1939 an diesen Ufern gelandet ist.
Immer der gleiche Text;
Aber warum diese Namen?

David, Joseph, Robert? Die kenne ich kaum.
Elizabeth, Ida? Unbekannt.
Alice? Meine Mutter.
Warum *Saccharin*? Ist dies der Schlüssel?
Süß, aber synthetisch.

(Why not? I'm a chemist.)

It's time to write a new libretto
For the answer to the query
Sure to follow D J E R A S S I:
"What kind of a name is this?"

"**D** *come Domodossola*"
 Was the aria
 Of the ALITALIA clerk in Rome.

 (That explains why opera should be sung
 in Italian,
 Not who the tenor is.)

"**J** *como Jesús*"
 Was the invocation
 Of the telephone operator in México, D. F.

 (Again of little relevance to me,
 Most un-Jesus-like of men.)

It's time once more to start the chant
With me as composer, librettist and singer.

"**D** *as in darling.*"
 But also distance, disappointment, distrust –
 All caused by "*darling.*"

 (Or should it be "*daughter*?"
 Dearest, dead daughter?)

"**J** *as in judgment.*"
 Jewish, jealous judgment.

(Warum nicht? Ich bin Chemiker.)

Es wird Zeit, ein neues Libretto zu schreiben
Als Antwort auf die Frage,
Die immer auf D J E R A S S I folgt:
„Was ist das für ein Name?"

„**D** *come Domodossola*"
>War die Arie
>Des ALITALIA-Angestellten in Rom.

>(Das erklärt, warum man Opern auf Italienisch
>singen sollte,
>Nicht, wer der Tenor ist.)

„**J** *como Jesús*"
>War das Bittgebet
>Der Telefonistin in México, D. F.

>(Auch dies kaum von Bedeutung für mich,
>Den am wenigsten jesusähnlichen Mann.)

Es wird wieder Zeit, den Gesang anzustimmen
Mit mir als Komponisten, Librettisten und Sänger.

„**D** *wie ‚Du Darling'*."
>Doch auch Distanz, Desillusionierung,
>Disharmonie,
>All dies bewirkt vom „*Darling*"

>(Oder eher „*Du*, meine Tochter"?
>*Du* geliebte, tote Tochter?)

„**J** *wie juristisch*."
>Jüdisch, juristischer Status.

(Of whom? Myself?)

"**E** *as in emigrant.*"
>Evicted – no, escaped – from Europe.

>(Too young for exile.)

"**R** *as in researcher.*"
>Renowned, rewarded, and ripe for revenge.

>("Remember, darling?")

"**A** *as in alchemist.*"
>Astonishingly assured and arrogant;

>(But also amorous, always amorous.)

"**S** *as in son.*"
>Sole surviving sibling.

>(A thought touching the rawest of nerves.)

"**S** *as in Sofia.*"
>Secondary school; start of my English; source of
>my accent.

>(I hardly recall a word of Bulgarian!)

"**I** *as in I.*"
>Never impassive, illogical or irresponsible,
>Yet in the end intolerable.

>("Right, darling?")

(Wessen? Meiner?)

„**E** wie *Emigrant*."
　　Entwurzelt – nein entflohen—aus Europa.

(Zu jung fürs Exil.)

„**R** wie *Ruhm*."
　　Renommiert, respektiert, rachedurstig.

(„Stimmt's, Darling?")

„**A** wie *Alchemist*."
　　Absolut selbstbewusst und arrogant;

(Aber auch amourös, stets amourös.)

„**S** wie *Sohn*."
　　Schwesterlos

(Ein Gedanke, der an den wundesten aller Punkte
rührt.)

„**S** wie *Sofia*."
　　Secondary School; Sprachverwirrung; сладко

(Fast das einzige bulgarische Wort, an das ich
mich erinnere!)

„**I** wie *Ich*."
　　Niemals ineffizient, indolent, irrational
　　Doch letztlich intolerabel.

(„Stimmt's, Darling?")

L'uomo vogue

L'uomo, the man,
I,
Stare at myself,
Dressed in an elegant
Casacca di velluto (Pezzo unico)
In the June 1983 issue of
L'UOMO-VOGUE.

What am I doing there?
I, the silver-haired,
Silver-bearded chimico,
Surrounded by white coats
And laboratory glass,
Smiling benignly,
Warmly, indeed lovingly,
At you, *hypocrite lecteur*.

How can I, the lover discarded in May
Look so benign, so loving, in June?

The answer is the same, Milano or Manhattan:
The faces of models in fashion magazines
No more reflect the moods of the models
Than the skin of the mango
Gives you a taste of its flesh.

L'uomo vogue

L'uomo, der Mann,
Ich,
Starre mich an,
Gekleidet in ein elegantes
Casacca di velluto (Pezzo unico)
In der Juni-Ausgabe 1983 der
L'UOMO-VOGUE.

Was habe ich dort zu suchen?
Ich, der silberhaarige,
Silberbärtige chimico,
Umgeben von weißen Kitteln
Und Laborgeräten,
Gütig,
Warmherzig, geradezu liebevoll,
Lächle ich dich an, *hypocrite lecteur*.

Wie kann ich, der im Mai verlassene Geliebte,
Im Juni so gütig und liebevoll wirken?

Die Antwort bleibt sich gleich, ob Mailand oder
Manhattan:
Die Gesichter der Models in Modemagazinen
Reflektieren den Gemütszustand der Models
Ebenso wenig wie die Haut der Mango
Den Geschmack des Fruchtfleischs wiedergibt.

My island

No man is an island, entire of itself

John Donne

Last night in Zurich
Naked, in the arms of a friend,
I spoke of loneliness.

We're all islands, she said.
I'd rather be an island than an islander.
I'd rather be England than English.
Touché, I thought. John Donne is wrong.

Which island should I be?
Tristan da Cunha,
This dot on a map surrounded by blue?
No thank you. Not that much solitude.

I'll search the Finnish archipelago
For one of a thousand islands.
Small, granite, covered with soil,
Bearing moss, fir trees, mushrooms
And berries ripe for the tongue.

Remember the taste
Fresh pike, chanterelle mushrooms
Yellow, picked minutes before?
Or the rush from the sauna,
Naked pink radiance
Across giant granite boulders
Into icy Baltic waters?

Meine Insel

Niemand ist eine Insel, ganz für sich allein

John Donne

Letzte Nacht in Zürich
Nackt, in den Armen einer Freundin,
Sprach ich von Einsamkeit.

Wir sind alle Inseln, sagte sie.
Ich wäre lieber eine Insel, als eine Insulanerin.
Ich wäre lieber England, als eine Engländerin.
Touché, dachte ich. John Donne hat unrecht.

Welche Insel wäre ich denn gern?
Tristan da Cunha,
Dieser Punkt auf der Karte, mitten im Blau?
Nein danke. Zu abgeschieden.

Ich suche den Finnischen Archipel
Nach einer von tausend Inseln ab.
Klein, aus Granit, mit Erde bedeckt,
Mit Tannen, Pilzen, Moos bewachsen,
Und Beeren, reif zum Genuss.

Weißt du noch, der Geschmack,
Frischer Hecht, Pfifferlinge,
Gelb, Minuten zuvor gesammelt?
Oder wie wir aus der Sauna rannten,
Rosa glänzend, nackt
Über riesige Granitfelsblöcke
In die eisigen Fluten der Ostsee?

I'd rather not be a Finn.
But a Finnish island?
That yes.
Smallish, softly covered with moss,
Silvery soft moss for my beard,
Fertile for delicacies, for lingonberries.

Solid, dependable underneath,
A neighboring island close by
And waiting for the next boat to arrive.

John Donne is right after all:
No man is an Iland, intire of it selfe.

Ich wäre lieber kein Finne.
Doch eine finnische Insel?
Das schon.
Eher klein und sanft mit Moos bedeckt
Silbriges, weiches Moos für meinen Bart,
Wo Leckerbissen, Preiselbeeren gedeihen.

Fest, insgesamt verlässlich,
In der Nähe einer Nachbarinsel,
Wartend auf die Ankunft des nächsten Schiffs.

John Donne hat am Ende doch recht:
No man is an Iland, intire of it selfe.

Nailed, plated and screwed

Taken together,
Is this judgment or reward?

Taken in thirds
All ambiguities dissolve:

Nailed!

Clearly a judgment. A closure.
No future,
Not even to carpenters.

Plated!

A heavy, yet hollow word.
Car dealers,
Bathroom fixture vendors,
Bridal-salon consultants
All use it,
To fix the price.

Screwed!

Never elegant,
At best functional;
For mechanics and lovers;
Fraternity jocks and presidents;
Mafiosi and Wimbledon losers.

Nailed-plated-screwed!

Nailed, plated and screwed

Eine Anmerkung der Übersetzerin:
Dieses Gedicht erwies sich als unübersetzbar,
da man im Kontext dieses Gedichts die Mehrfach-
bedeutungen von „nailed", „plated" und „screwed"
im Deutschen definitiv nicht nachbilden kann.
Die Leser und Leserinnen sind aber eingeladen,
sich an einer adäquaten Lösung zu versuchen.

A single, albeit hyphenated, word
Gleaned through a narcotic cloud
Was the surgeon's benediction
As he rebuilt my shattered leg.

The plate inside my knee meant
I had not only been screwed.
I had also been nailed
With what was signed, sealed and delivered
By fate.

The next birthday

After the Moët,
The fresh asparagus,
The Homard Normandie,
The Meursault Clos de Mazeray (1981),
The Boeuf en Croûte Camaïeu,
The Château Batailley (1970),
The Sorbet Surprise,
The toast to the Queen,
The cigars and liqueurs,
The voice of the toastmaster boomed:
     "Mr. and Mrs. ...
     Your excellencies,
     Your grace,
     My lords,
     Ladies and gentlemen.
     Pray, silence."

And then the tributes started
For the man who'd turned sixty,
For the man who had everything.
From the former prime minister,
From ambassadors, politicos, scientists,
And from me, a friend,
About to turn sixty myself.

Do I want to celebrate my birthday
With champagne, four hundred guests,
Ambassadors?
No, as usual, I'm more demanding.
Not with four hundred, but with two.

Der nächste Geburtstag

Nach dem Moët,
Dem frischen Spargel,
Dem Homard Normandie,
Dem Meursault Clos de Mazeray (1981),
Dem Boeuf en Croûte Camaïeu,
Dem Château Batailley (1970),
Dem Sorbet Surprise,
Dem Toast auf die Queen,
Den Zigarren und Likören,
Dröhnte die Stimme des Toastmasters:
  „Mr. und Mrs. ...
  Eure Exzellenzen,
  Euer Gnaden,
  Mylords,
  Ladies and Gentlemen.
  Ich bitte um Ruhe."

Und dann wurde er gewürdigt,
Der Mann, der sechzig geworden war,
Der Mann, der alles hatte.
Vom ehemaligen Premierminister,
Von Botschaftern, Politikern, Wissenschaftlern,
Und von mir, einem Freund,
Selber bald sechzig.

Möchte ich meinen Geburtstag so feiern –
Mit Champagner, vierhundert Gästen,
Botschaftern?
Nein, wie üblich bin ich anspruchsvoller.
Nicht mit Vierhundert, sondern mit Zweien.

Two women,
One dead, the other gone,
Each as she chose.

I shall celebrate alone.

Zwei Frauen,
Eine tot, die andere fortgegangen,
Jede, wie sie wollte.

Ich feiere allein.

Donna mobile

Vocalissima

> *What syllable are you seeking,*
> *Vocalissimus,*
> *In the distances of sleep?*
> *Speak it.*
>
> **Wallace Stevens, To the Roaring Wind**

Vocalissimus Stevens!
Or is it Wallace Vocalissimus?
What familiarity do you permit?

You wrote about women:
Sweet smelling virgins; trembling ladies;
Peached and ivory wenches;
        beautiful bareness and sinewy nakedness;

You called them:
Liebchen, mon bijou, mon extase;
Even a pearly poetess.

You named them:
Carlotta, Eulalia and Flora;
Marianna, Bawda and Susanna;
Bonnie and Vincentine (lean, heavenly Vincentine).

More formally:
Mrs. Anderson, Mrs. Dooley, Mrs. Pappadopoulos.

Donna mobile

Vocalissima

Welche Silbe suchst du,
Vocalissimus,
In den Fernen des Schlafes?
Sprich sie aus.

Wallace Stevens, An den tosenden Wind

Vocalissimus Stevens!
Oder Wallace Vocalissimus?
Wieviel Vertraulichkeit lässt du zu?

Du schriebst über Frauen:
Süß duftende Jungfrauen; bebende Damen;
Mädchen mit elfenbeinheller Pfirsichhaut;
schöne Blöße, sehnige Nacktheit;

Du nanntest sie:
Liebchen, mon bijou, mon extase;
Ja sogar perlmutterne Poetin.

Du gabst ihnen Namen:
Carlotta, Eulalia und Flora;
Marianna, Bawda und Susanna;
Bonnie und Vincentine (schlanke, himmlische
Vincentine).

Formeller:
Mrs. Anderson, Mrs. Dooley, Mrs. Pappadopoulos.

Was there a Vocalissima?

I knew one who knew you:
After your death, she lived with you.

Three long years, day in, day out,
Immersed in your poems, savoring each morsel,
She learned by heart each word you wrote,
Thus meeting your rose rabbi,
Your dark rabbi,
Your doctor of Geneva,
Even your uncle with a monocle
        (Who'd asked "Shall I uncrumple this
        much-crumpled thing?").

In time she uncrumpled many men,
Then one: a modern alchemist.

But he, master of chemical mutations,
Whose alchemy touched millions,
Could not transform her,
Nor transform himself.
Crumpled, she left.

Vocalissime! Speak it!
How does a modern alchemist
Transmute himself
Into a Vocalissimus?

Gab es eine Vocalissima?

Ich kannte eine, die dich kannte:
Nach deinem Tod lebte sie mit dir.

Drei lange Jahre, tagein, tagaus,
Vertieft in deine Gedichte, kostete sie jede Silbe aus,
Prägte sich jedes von dir geschriebene Wort ein,
Begegnete so deinem rosa Rabbi,
Deinem dunklen Rabbi,
Deinem Doktor aus Genf,
Selbst deinem Onkel mit Monokel
        (Der fragte: „Soll ich dieses zerknautschte Ding
        entknautschen?"

Im Lauf der Zeit entknautschte sie viele Männer,
Dann einen ganz bestimmten: einen modernen
Alchemisten.

Doch er, der Meister chemischer Umwandlung,
Dessen Alchemie Millionen von Menschen berührte,
Konnte sie nicht verwandeln,
Und auch sich selbst nicht.
Schließlich ging sie, zerknautscht.

Vocalissime! Sprich es aus! Wie verwandelt sich
Ein moderner Alchemist
In einen Vocalissimus?

Push-pull

I, the chemist, know all about
The push-pull mechanisms
Of chemical reactions.

You, the long-time collector of men,
Should know all about
The push-pull of love:

The pull of the new lover,
The push from the old.
But beware!

Push and pull differ in but one direction.
All that's required is
To turn.

Stoß-Zug

Ich, der Chemiker, weiß alles über
Die Stoß-Zug-Mechanismen
Chemischer Reaktionen.

Du, langjährige Männersammlerin,
Solltest alles wissen über
Die Stoß-Zug-Mechanismen der Liebe:

Angezogen vom neuen Liebhaber,
Abgestoßen vom alten.
Aber hüte dich!

Stoß und Zug unterscheiden sich nur in der Richtung.
Man braucht sich bloß
Umzudrehen.

The art of rug-pulling

Find a lover, who's not a poet,
Who's never been graced in a poem.

Tell him you love him,
And do it more than once.

First in prose.
He will love it.

Then in free verse.
He will adore it.

But why free verse?
Why not rhyme?

Is rhyme no longer à la mode?
Not true! Just tap any poet's favorite lode.

Free verse is more convenient, you say.
It is easier to substitute. Hooray.

Substitute what? The lover asks.
Your name, you foolish man.

Kalte Dusche

Such dir einen Liebhaber, der kein Dichter ist,
Dem nie in einem Gedicht gehuldigt wurde.

Sag ihm, dass du ihn liebst,
Und sag es mehr als einmal.

Erst in Prosa.
Er wird entzückt sein.

Dann in freien Versen.
Er wird hingerissen sein.

Doch warum freie Verse?
Warum nicht gereimt?

Sind Reime nicht mehr in Mode?
Von wegen! Erschließ' die Quellen, aus denen Dichter
schöpfen.

Freie Verse seien praktischer, sagst du.
Erleichtern das Ersetzen. Hurra.

Ersetzen, was? will der Liebhaber wissen.
Deinen Namen, du Narr.

Grounds for divorce

Surprises fall into two categories:
Good ones and bad ones.

Recipients of surprises fall into four:

Those who adore good surprises
       (most children and I fall into this one);

Those who detest bad surprises
       (everybody is found here);

Those who want no surprises
       (foremost the stock market, but also gamblers);

And *mirabile dictu*:

Those very few who hate good surprises
       (you are one of those rare birds).

So why be surprised it didn't last?

Scheidungsgründe

Es gibt zwei Kategorien von Überraschungen:
Schöne und böse.

Es gibt vier Kategorien von Menschen, denen eine
Überraschung widerfährt:

Jene, die schöne Überraschungen lieben
      (die meisten Kinder und ich zählen dazu);

Jene, die böse Überraschungen hassen
      (das gilt für Jeden);

Jene, die Überraschungen generell nicht mögen
      (in erster Linie Spekulanten, doch auch Spieler);

Und *mirabile dictu*:

Ganz wenige, die schöne Überraschungen hassen
      (du gehörst dieser seltenen Spezies an).

Warum also überrascht sein, dass es nicht von Dauer
war?

Surprises

The proud lover
Celebrates her new book.
At the party, he presents her
With her book bound in leather,
While she presents him
With her book bound in paper.

Both were surprised at the outcome.
One of them unhappily.
She never forgot.

The gun-shy lover
Goes to the party at his own home,
In celebration of his new book.
She forgets to inform the guests
What the party is all about.

Both were surprised at the outcome.
One of them unhappily.
He never forgot.

The twice-burned lover does not learn.
Her poems are set to music.
What's more natural
Than a concert – a surprise concert?
He invites her friends,
Brings the unwarned lover,
And commits the cardinal sin:
Public display of affection for someone
Who publicly does not wish to show affection.

Überraschungen

Der Geliebte
Feiert stolz ihr neues Buch
Auf der Party überreicht er ihr
Ihr Buch, in Leder gebunden,
Während sie ihm ihr Buch
Broschiert überreicht

Beide staunten über die Konsequenzen.
Einer von ihnen war unglücklich darüber.
Sie vergaß das nie.

Der Geliebte, ein gebranntes Kind,
Geht zu der Party in seinem eigenen Haus,
Um sein neues Buch zu feiern.
Sie vergisst, den Gästen mitzuteilen,
Welchen Anlass die Party hat.

Beide staunten über die Konsequenzen.
Einer von ihnen war unglücklich darüber.
Er vergaß das nie.

Der Geliebte, zweifach gebranntes Kind, lernt nicht
hinzu.
Ihre Gedichte werden vertont.
Was ist naheliegender
Als ein Konzert – ein Überraschungskonzert?
Er lädt ihre Freunde ein,
Bringt die ahnungslose Geliebte mit,
Und begeht die Todsünde:
Öffentlicher Zuneigungsbeweis für eine Frau,
Die Zuneigung in der Öffentlichkeit nicht zeigen will.

Both were surprised at the outcome.
Both of them unhappily.
Both never forgot.

Beide staunten über die Konsequenzen.
Beide waren unglücklich darüber.
Beide vergaßen das nie.

Lingonberries are not sufficient

When we met
I spoke and you laughed.
Just laughed.

"Come live with me
And write.
I'll feed and launder you."

You laughed and came.

A man feeding his lover,
Doing her laundry,
Offering her Virginia Woolf's *Room of One's Own*,
Is a serious gift,
Not a laughing matter.

He – the tea-drinker – learned to make coffee,
Her type of coffee.
The coffee grinder's machine-gun rattle
Was morning music to her ears,
Dark French Roast the only acceptable ammunition.

The first cup brought to her shower,
The next while she dried herself,
The third, fourth, and fifth at breakfast.

The heated bagel.
The carefully segmented grapefruit
Colored with his amorous touch:
Lingonberries from Sweden.

Preiselbeeren genügen nicht

Als wir uns kennenlernten
Habe ich geredet, und du hast gelacht.
Einfach nur gelacht.

„Zieh bei mir ein
Und schreib.
Ich koche und wasche für dich."

Du lachtest und zogst ein.

Ein Mann, der seine Geliebte bekocht,
Der ihr die Wäsche wäscht
Und ihr Virginia Woolfs *Zimmer für sich allein* gewährt,
Ist ein ernstzunehmendes Geschenk,
Kein Grund zum Lachen.

Er – der Teetrinker – lernte, Kaffee zu machen,
Auf ihre Art.
Die elektrische Kaffeemühle knatterte wie ein
Maschinengewehr
Morgenmusik in ihren Ohren,
Französische Röstung, dunkel, die einzig akzeptable
Munition.

Die erste Tasse brachte er ihr in die Dusche,
Die nächste, wenn sie sich abtrocknete,
Die dritte, vierte, fünfte dann zum Frühstück.

Der aufgebackene Bagel.
Die sorgfältig zerteilte Grapefruit,
Farbtupfer von verliebter Hand:
Preiselbeeren aus Schweden.

You stopped laughing
And wrote poems like Scheherazade.
As long as she spun tales, she lived.

As long as you wrote,
Your pasha supported you
In a style to which you were not accustomed,
But soon began to savor.

The ambiance became so oriental,
Your poems even sang lines like,

> *Sunday morning: fog drifts like steam*
> *Across the windows of this room, lit like a jewel.*
> *Like a Turkish bordello*!

In time you ran out of poems
And fled the seraglio.
Sweden and Turkey were not meant to mix.

How tempting is your new lover's coffee?
Does he make you cut your own grapefruit?
Does he add lingonberries from Sweden?
Should I be generous?
Should I send him lingonberries?

Du hörtest auf zu lachen
Und schriebst Gedichte wie Scheherazade.
Solange sie Geschichten spann, blieb sie am Leben.

Solange du schriebst,
Umsorgte dich dein Pascha
Auf eine Art, die du nicht gewohnt warst,
Aber bald zu genießen wusstest.

Das Ambiente wurde richtig orientalisch,
Deiner Feder entströmten Zeilen wie:

> *Sonntagmorgen: Nebel zieht wie Dunst*
> *an den Fenstern des Zimmers vorbei,*
> *das leuchtet wie ein Juwel,*
> *wie ein türkisches Bordell!*

Mit der Zeit gingen dir die Gedichte aus
Und du entflohst dem Serail.
Schweden und die Türkei sind nicht füreinander
geschaffen.

Wie verführerisch ist der Kaffee deines neuen Liebsten?
Lässt er dich die Grapefruit selber schneiden?
Garniert er sie mit Preiselbeeren aus Schweden?
Sollte ich großmütig sein?
Sollte ich ihm Preiselbeeren senden?

Poetic justice

I hope it will tear the
Testicles of your lover and bite off his penis
Or at least
Will bring me your stockings between his teeth.
Yehuda Amichai, A Dog After Love

When I first read Yehuda's curse,
I remembered you had no dog.
But like Pavlov's bitch you salivate
To musk, myrrh, attar of roses,
Toilet water; even pastille.

Here's my olfactory, biblical curse:

May your new lover break out in hives
At your gentlest, scented caress.
May drenching, juicy beads
Of reeking, oily sweat
Spread all over his horny skin.

Then think of me.

Poetische Gerechtigkeit

> *Hoffentlich zerfetzt er deinem*
> *Liebhaber die Hoden und beißt ihm den Penis ab,*
> *oder apportiert mir zumindest*
> *im Maul deine Strümpfe.*
>
> Yehuda Amichai, A Dog After Love

Als ich zum ersten Mal Yehudas Fluch las,
Fiel mir ein, dass du ja gar keinen Hund hast.
Doch speichelst du wie Pawlows Hündin
Auf Moschus, Myrrhe, Rosenöl,
Eau de Toilette, sogar Pastillen.

Hier mein olfaktorischer, biblischer Fluch:

Möge dein neuer Lover Nesselsucht kriegen
Bei der zärtlichsten, parfümierten Liebkosung.
Möge seine schwielig-geile Haut
Nässende Blasen werfen
Aus stinkendem, fettigem Schweiß.

Dann denk an mich.

The others

Would you call me …?

Last night you asked:
Would you call me fuckable?

Hardly a question to be posed
By a woman always seeing
Through male preening,
Male posturing,
Male bravado.

Or are you stripping –
Becoming a different woman, alone at night –
When no men are there?
Men who praise by day
What disturbs you at night?

The other day I ogled you,
Fully dressed,
And whispered:
I want to be the spoon you lick,
The bread you nibble,
The wine you drink,
Even the beef you bite.

A nod, a smile, were your response.

But when you're naked?
Tall, strong, sinewy,
Just enough fat to be smooth to the touch,

Die anderen

Findest du es …?

Letzte Nacht fragtest du:
Findest du es geil, mit mir zu ficken?

Welch eine Frage
Von einer Frau, die alles durchschaut:
Männliches Geprotze,
Männliches Imponiergehabe
Männliches Maulheldentum.

Oder entblößt du dich –
Wirst du zu einer Anderen, nachts allein
Wenn keine Männer in der Nähe sind?
Männer, die tagsüber preisen
Was dich nachts verstört?

Neulich starrte ich dich an,
Du warst bekleidet,
Und ich flüsterte:
Ich wäre gern der Löffel, den du ableckst,
Das Brot, das du knabberst,
Der Wein, den du trinkst,
Selbst das Fleisch, in das du beißt.

Ein Nicken, ein Lächeln, waren deine Antwort.

Doch wenn du nackt bist?
Groß, stark, sehnig,
Kein Gramm Fett zu viel, gerade so,
dass es sich weich anfühlt,

You suddenly turn shy as a girl,
Slowly spreading your thighs to wait.

The answer is yes, I do find you fuckable,
But with reservations:

I'm taken aback by your reticence,
Your wary doubt.
Though totally naked,
No earrings, no bracelet, stripped like Ishtar,
You remain clothed.

When I find you truly undressed –
Not merely nude –
I'll know who you are.
Then I'll answer your question
Freely, fully, unequivocally
And ask one of my own:

Golden one,
Am I fuckable?

Wirst du plötzlich schüchtern wie ein Mädchen,
Spreizt zögernd die Schenkel und wartest.

Die Antwort ist, ja, ich finde es geil, mit dir zu ficken,
Doch unter Vorbehalt:

Mich bestürzen deine Zurückhaltung,
Dein skeptischer Argwohn.
Obwohl völlig entblößt,
Ohne Ohrringe, Armreif, nackt wie Ischtar,
Bleibst du angezogen.

Wenn du wirklich einmal entkleidet sein wirst
Nicht nur nackt
Werde ich wissen, wer du bist.
Dann beantworte ich deine Frage
Frank und frei, rückhaltlos,
Und stell dir selber eine:

Goldene,
Findest du es geil, mit mir zu ficken?

San Francisco, thirteenth floor

Sitting by the window
On the jinxed floor,
I'm teased by the fog.

Waiting for the drop of the veil,
For a view of the Golden Gate.

Somewhere, nearby, fourth floor
In the sun the woman lives.

I phone her
In the house I cannot find.

"Where are you now?" I ask.
"What are you wearing now, this very moment?"

"Pleasuring myself on the fire escape," she says.
"Blouse and blue shorts, that's all."

My spy-glass scans house after house
For a sudden bluish flash,
Freshly shaven, creamed, bare legs,
Musk-perfumed, pear-shaped breasts,
Nipples drilling through the blouse,
A sly maybe-yes-but-not-now glance,
And a wave that was never waved at all.

I ask: "Can you see my building?"
Yes.
"The thirteenth floor?"
Yes.

San Francisco, dreizehnter Stock

Am Fenster sitzend,
Im verhexten Stockwerk,
Werd' ich vom Nebel gefoppt.

Ich warte, dass der Schleier sinkt,
Den Blick auf die Golden Gate freigibt.

Irgendwo unweit, im vierten Stock
In der Sonne, wohnt die Frau.

Ich rufe sie an
In dem Haus, das ich nicht finden kann.

„Wo bist du jetzt?", frage ich.
„Was hast du an, in diesem Moment?"

„Ich sonne mich auf der Feuerleiter und
tu mir was Gutes", sagt sie,
„Bluse und blaue Shorts, sonst nichts."

Mein Fernglas überfliegt Haus um Haus.
Blinkt es irgendwo bläulich auf?
Frisch rasierte, eingecremte, nackte Beine,
Moschusduftend, birnenförmige Brüste,
Brustwarzen, die durch die Bluse drängen,
Ein Blick – ja-vielleicht-aber-nicht-jetzt –
Und ein Winken, das es nie gegeben hat.

Ich frage: „Siehst du mein Haus?"
Ja.
„Den dreizehnten Stock?"
Ja.

"The open window?"
Yes.
"The searching man?"
No.

Can you really not see me
Or are you seeking another man?

„Das offene Fenster?"
Ja.
„Den Mann mit dem Fernglas?"
Nein.

Siehst du mich wirklich nicht,
Oder suchst du nach einem anderen?

Hermaphrodite from North Carolina

We all know Aphrodite:
Goddess of Love, foam-born off Cyprus –
A gift of semen mixed with sea water.

Hermaphroditus?
According to the Greeks
Son of Aphrodite and Hermes.

Hermaphrodite? Not Greek.
Not the one I know,
But born in North Carolina.

Imagine yourself at the opera: La Bohème,
A tale of instant love.
Imagine a woman in a classic silk dress.

While others screamed *Bravo*! *Brava*! *Bravi*!
I, her lover-to-be, stroked her thigh
And the hollow under her knee.

Dressed all in black,
She seemed disrobed
At La Bohème in the opera house.

To me, the opera aficionado,
La Bohème, not a long opera, as operas go,
Suddenly proved interminable.

Not till I saw Hermaphrodite naked,
After La Bohème, did I understand
Why Puccini's magic had lost its spell.

Hermaphrodite aus North Carolina

Wir alle kennen Aphrodite:
Göttin der Liebe, schaumgeboren vor Zypern –
Ein Geschenk aus Samen, mit Meeresgischt vermischt.

Hermaphroditus?
Den Griechen zufolge
Sohn der Aphrodite und des Hermes.

Hermaphrodite? Keine Griechin,
Jedenfalls nicht die, die ich kenne,
Sondern geboren in North Carolina.

Man stelle sich vor: Man sitzt in der Oper, La Bohème,
Ein Märchen von Liebe auf den ersten Blick.
Und weiter: Eine Frau im klassischen Seidenkleid.

Während andere *Bravo! Brava! Bravi*! riefen
Streichelte ich, ihr künftiger Geliebter, ihren
Oberschenkel,
Die Mulde unter ihrem Knie.

Ganz in Schwarz,
Schien sie entkleidet
In La Bohème im Opernhaus.

Für mich, den Opernaficionado, zog sich La Boheme,
Eine nicht besonders lange Oper,
Auf einmal eine Ewigkeit hin.

Erst als ich Hermaphrodite nackt sah,
Nach La Bohème, verstand ich,
Weshalb Puccinis Zauber seine Macht verloren hatte.

Imagine the velvety skin
Of Aphrodite,
Her arms sensual and soft.

Imagine such arms suddenly flexed –
Strapping, supple and male –
And you have gripped Hermes.

Imagine compact, firm breasts,
Their berries soft at rest,
Hard pearls when caressed.

But as her torso turns,
As the nubile breasts tighten,
Young Hermes is here in bed.

Neither La Bohème nor erotic dream
Is the source of this American Hermaphrodite.
I know. I just woke next to her.

Man stelle sich vor,
Die samtene Haut Aphrodites,
Ihre sinnlichen, sanften Arme.

Man stelle sich diese Arme plötzlich angewinkelt vor –
Sehnig, geschmeidig, männlich –
Und man hat Hermes erfasst.

Man stelle sich kompakte, feste Brüste vor,
Deren weichen Knospen
Zu harten Perlen werden, wenn man sie liebkost.

Doch als sie sich ihm zuwendet,
Als die betörenden Brüste sich straffen,
Liegt der junge Hermes hier im Bett.

Weder La Bohème noch erotischen Träumen
ist diese amerikanische Hermaphrodite entsprungen.
Ich weiß es. Eben bin ich neben ihr erwacht.

Body-builder

You, the body-builder,
The one with the glutes,
Surrounding a deep, caressable valley;

You, the one with the pecs,
Supporting small, perfect diamond nipples;

You, the one with the lats,
Bi's, tri's, abs and quads,
All of them glistening;

You, whose eyes sparkle,
Whose voice laughs,
You cried last night.

Do you know
That a body-builder's tears
Flow differently,
Taste differently
From those of other women?

Bodybuilder

Du, die Bodybuilderin,
Mit den Gesäßmuskeln,
Die ein tiefes, zartes Tal umschließen;

Du, mit den Brustmuskeln,
Die kleine, makellose Knospen stützen;

Du, mit den Trapezmuskeln,
Bizepsen, Trizepsen, Bauchmuskeln und
Oberschenkelmuskeln,
Die alle glänzen;

Du, deren Augen funkeln,
Deren Stimme lacht,
Du hast geweint letzte Nacht.

Weißt du,
Dass die Tränen einer Bodybuilderin
Anders fließen,
Anders schmecken,
Als die anderer Frauen?

Cocksure

The first time
I thought:
If I need a mistress
Here is one.

You sensed this.
No mistress you:
Queen or nothing.
It was nothing.

The second time
I was looking for a harem-keeper.
Pasha, I am interested, you said,
In filling this harem of yours.

Alone! (You added.)
Done! (I thought.)
When? (You wondered.)
Soon! (I whispered.)

As soon, I said louder,
As the job description is completed.
None is needed, you replied.
I can fill all jobs.

Ziemlich dreist

Beim ersten Mal
Dachte ich:
Wenn ich eine Gespielin brauche
Hier ist sie.

Du hast das gespürt.
Du, keine Gespielin.
Königin oder nichts.
Es wurde nichts.

Beim zweiten Mal
Suchte ich nach einer Haremswächterin.
Pascha, ich hätte Interesse, sagtest du,
Deinen Harem zu besetzen.

Allein! (Fügtest du hinzu.)
Abgemacht! (Dachte ich.)
Wann? (Wolltest du wissen.)
Bald! (Flüsterte ich.)

Sobald ich, sagte ich lauter,
Die Jobbeschreibung fertig habe.
Nicht nötig, sagtest du.
Ich übernehme alle Jobs.

"You wash this shirt like a chemist"

I didn't know there were *chemist's hands*.
Do I touch you like a chemist?

Grip your wrist
The way I grip the necks of Erlenmeyer flasks?

Hold your buttocks
The way I hold round-bottomed vessels?

What else does this chemist do?

Suck your tongue
The way I suck pipettes?

Carry your night scent in the morning
The way I carry my day's lab odor in the evening?

Wear your bath robe
The way I wear my lab coat?

Is a chemist's alchemy permitted in the bedroom?
The literature is strangely silent on this topic.

Yet if anyone knows,
You do.

„Du wäschst dieses Hemd wie ein Chemiker"

Ich wusste gar nicht, dass es *Chemikerhände* gibt
Berühre ich dich wie ein Chemiker?

Umschließe ich dein Handgelenk
Wie den Hals eines Erlenmeyerkolbens?

Umfasse ich deine Arschbacken
Wie bauchige Rundkolben?

Was tut dieser Chemiker noch?

Sauge ich an deiner Zunge
Wie an einer Pipette?

Habe ich morgens deinen Nachtduft an mir
Wie abends meine Laborgerüche?

Trage ich deinen Bademantel
Wie meinen Laborkittel?

Ist die Alchemie des Chemikers im Schlafzimmer
erlaubt?
Die Literatur schweigt sich seltsamerweise über dieses
Thema aus.

Doch wenn es irgendjemand weiß,
dann du.

Mini-punk

Elegant, mini-punk haircut,
Probing, searching eyes, framed in bright color.
Eyes that could hold my gaze,
Respond to it,
Occasionally pierce it,
Suddenly drop
Then rise,
Now vulnerable.

The first time I met you,
Hair and eyes were all I perceived.
I wished only to dip into your eyes,
Touch the punk part of your hair.
It took me weeks to understand
This is where you most wanted to be touched.

You dress with subtle provocation
Of line and color
That, having stripped you, I now know is camouflage.
You would make a spectacular Pakistani,
Pantalooned and veiled,
        (Mistress? Wife? Virgin?)
Topped by your green umbrella hat
With your bitch on a leash.

Mini-Punk

Elegant, Mini-Punk-Frisur.
Forschender, prüfender Blick aus grell umrahmten
Augen.
Augen, die meinem Blick standhielten,
Ihn erwiderten,
Gelegentlich durchbohrten,
Sich plötzlich senkten,
Dann aufsahen,
Verletzlich jetzt.

Als ich dir das erste Mal begegnete,
Nahm ich nur Haare und Augen wahr.
Ich wollte nur in deine Augen tauchen,
Die punkige Hälfte deiner Frisur berühren.
Es dauerte Wochen, bis ich begriff,
Dass du dort am liebsten berührt werden willst.

Deine Kleidung provoziert auf raffinierte Art
Durch Schnitt und Farbe –
Seit ich dich ausgezogen habe, weiß ich, das ist
Camouflage.
Du gäbst eine imposante Pakistani ab,
In Hosen und Schleier,
        (Mätresse? Ehegattin? Jungfrau?)
Und obendrauf dein grüner Regenschirmhut –
Du, mit deiner Hündin, an der kurzen Leine.

Thirty-six hours

I need thirty-six hours with you,
The magic number for intimacy.
Two nights and a day.

I need to wake up at least twice
In succession
With you next to me. Naked.

No bitch licking my sole to be let out.
Slowly slipping out of sleep.
Slipping you into my arms.

Tasting you both mornings:
The unwashed mouth,
The taste between your thighs.

If you prefer two days and a night
Don't bother to come.
Just take your bitch for a walk.

Sechsunddreißig Stunden

Ich brauche sechsunddreißig Stunden mit dir,
Die magische Zahl für Intimität,
Zwei Nächte und ein Tag.

Mindestens zweimal hintereinander
Muss ich erwachen
Dich neben mir. Nackt.

Keine Hündin, die mir die Fußsohlen leckt, weil sie
Gassi will.
Langsam gleite ich aus dem Schlaf,
Lass dich in meine Arme gleiten.

Schmeck dich an beiden Morgen:
Deinen nicht ausgespülten Mund,
Den Geschmack zwischen deinen Schenkeln.

Falls du sagst, zwei Tage, eine Nacht
Bleib, wo du bist.
Führ deine Hündin Gassi.

Abyssinia

For JCT

Abyssinia!
The one with the bottomless eyes,
Three-millimeter curly hair,
Rich chocolate skin,
Who raises blushes in blushless men,
Constructor of stories within stories,
Has decided to climb a ladder,
The academic one
In Indiana.

Abyssinia!
Let me offer some advice:
Consider your students.
Given your eyes, hair, skin, and voice –
To name just a few bonbons –
Remember they are young,
Impressionable,
And hot blooded.
How can they focus on your words
If you seduce them with your
Eyes, hair and skin?

Professor Abyssinia!
Wear a long skirt or baggy pants,
Long-sleeved blouse,
Veil (indispensable),
Dark glasses,
Bandana,
            (Like the one in your portrait)

Abessinia

Für JCT

Abessinia!
Unergründliche Augen,
Drei Millimeter Kräuselhaar,
Köstliche Schokoladenhaut,
Sie, die schamlose Männer schamhaft erröten lässt,
Geschichten in Geschichten fügt,
Hat beschlossen, eine Leiter zu erklimmen,
Die akademische,
In Indiana.

Abessinia!
Lass dir raten:
Denk an deine Studenten.
Angesichts deiner Augen, Haare, Haut und Stimme –
Um nur einige Bonbons zu nennen –
Vergiss nicht, sie sind jung,
Beeindruckbar
Und leidenschaftlich.
Wie sollen sie sich auf deine Worte konzentrieren,
Wenn du sie verführst
Mit Augen, Haut und Haar?

Professor Abessinia!
Trag Schlabberhosen oder einen langen Rock,
Langarmbluse,
Schleier (unerlässlich),
Dunkle Brille,
Kopftuch
        (Wie auf dem Porträt)

And no earrings.
No matter, your voice, your laugh,
Will make you
The first pied piper
With tenure
At the university in Indiana.

Abyssinia!
At your last lecture,
Take them off,
Veil, dark glasses, bandana.
Put on a sleeveless blouse,
Wear no stockings,
Drink in the looks and gasps of delight,
The Indiana equivalents of *brava*!
And leave the room.
Quickly.

Und keine Ohrringe bitte.
Egal, durch deine Stimme, dein Lachen,
Wirst du zur ersten
Rattenfängerin
Mit Professur
An einer Universität in Indiana.

Abessinia!
Für deine letzte Vorlesung,
Leg alles ab,
Schleier, Kopftuch, dunkle Brille..
Zieh eine ärmellose Bluse an,
Trag keine Strümpfe,
Genieß das hingerissene Gaffen und Keuchen
In Indiana die Entsprechung zu *brava!*
Und verlass den Raum.
Rasch!

Nine years is a long time

Let me tell you a story.
Let me ask you some questions.

The Story

The middle aged,
yet age-oblivious
Man,
Ostensibly domineering,
Attractively persuasive,
Intriguing in his affluence and taste,
With flashes of personal vulnerability,
In one of his several roles
Acts to the fullest the professor
And meets a student.

Nine years ago.

Not an ordinary student.
Not just an all-A student.
Not just a female student,
But one with several faces
And an unknown body.
Clad so completely in coveralls,
That only the head and hands are visible.
Except for flaunting her hair,
Even the Ayatollah would have approved.

I, the professor, was intrigued.
By what?
By the woman, who at twenty-one

Neun Jahre sind eine lange Zeit

Ich möchte dir eine Geschichte erzählen.
Ich möchte dir ein paar Fragen stellen.

Die Geschichte

Der Mann mittleren Alters,
Sich seines Alters
Aber nicht bewusst,
Scheinbar herrisch,
Sympathisch überzeugungsstark,
Faszinierend durch Reichtum und Geschmack,
Mit Anwandlungen von Verletzlichkeit,
Spielte, in einer von mehreren Rollen,
Ganz den Professor aus
Und lernte eine Studentin kennen.

Vor neun Jahren.

Nicht irgendeine Studentin.
Nicht irgendeine Überfliegerin.
Nicht irgendeine Frau,
Sondern eine mit mehreren Gesichtern
Und unbekanntem Körper.
So komplett in ihren Overall vermummt,
Dass man nur Kopf und Hände sah.
Bis auf ihr offenes Haar,
Hätte dies selbst der Ayatollah gebilligt.

Ich, der Professor, war fasziniert.
Wovon?
Von der Frau, die sich mit einundzwanzig

Seems to be interested in a range
Of experiences
That only age usually stimulates.
As you sat across my table
You covered in minutes
The range of emotions
From fascinated curiosity
To singular shyness;
From open excitement
To extreme suspicion.
I was challenged to overcome
Your shyness and suspicion.

When you switched from the
Ayatollah's winter uniform –
All encompassing coveralls –
To your American summer uniform –
Running shorts cum T shirt –
Not only my eyes,
But also my tongue,
Finger tips and prick
Became intrigued.

It was this interest,
Lustful and hedonistic,
Which made me –
The physically open and assured man –
Shy and uncomfortable.
How does she perceive this attention?
Exploitation? Prurient interest?
Curious experimentation by the older man?
Unforgivable, professional violation?

Für ein Erfahrungsspektrum
Zu interessieren schien,
Zu dem sonst nur das Alter animiert.
Als du mir am Tisch gegenübersaßest
Hast du in Minuten
Das ganze Spektrum an Gefühlen geboten,
Von faszinierter Neugier
Bis zu seltsamer Scheu;
Von unverhüllter Erregung
Bis zu extremer Skepsis.
Es reizte mich, beides zu überwinden,
Deine Scheu und deine Skepsis.

Dann bist du aus der Winteruniform des Ayatollah –
Dem alles verhüllenden Overall –
In deine amerikanische Sommeruniform geschlüpft –
Kurze Sporthosen mit T-Shirt –
Und nicht nur meine Augen,
Sondern auch Zunge,
Fingerspitzen und Schwanz,
Waren fasziniert.

Genau diese Faszination,
Lüstern und hedonistisch,
Machte mich –
Den erotisch offenen und selbstbewussten Mann –
Scheu und befangen.
Wie nimmt sie diese Aufmerksamkeit wahr?
Als Ausbeutung? Lüsternes Interesse?
Neugieriges Experimentieren des älteren Manns?
Unverzeihliche Grenzüberschreitung?
Er war doch ihr Professor.

It took you nine years
To hesitatingly open the book
Which I'd offered you with equal hesitation.
There is much yet to read,
Many pages to peruse,
Some still to write.

But you did take the first step,
The most important one
Of opening it.
You didn't start on page one,
You didn't read the last one –
Couldn't, because it was still blank –
You threw it open
And found yourself in my arms,
My tongue between your thighs,
My hands caressing your breasts,
Your hands leading me into you.

The Questions

What do you know now
About me,
That you didn't know before?
Important aspects, not trivial ones.
What do you wish to know now
That you do not know now?

How patient are you?
How much time is yours to give?

What is the most important gift
I could offer you?

Du brauchtest neun Jahre,
Um zögernd das Buch zu öffnen,
Das ich dir, ebenso zögernd, darbot.
Es gibt noch viel zu lesen,
Viele Seiten zu studieren,
Manche noch zu schreiben.

Du aber tatest den ersten Schritt,
Den wichtigsten,
Indem du es aufschlugst.
Du begannst nicht auf der ersten Seite,
Du lasest nicht die letzte –
Konntest sie gar nicht lesen, denn sie war noch leer –
Du schlugst es auf
Und lagst in meinen Armen,
Meine Zunge zwischen deinen Schenkeln,
Meine Hände liebkosten deine Brüste,
Deine Hände führten mich in dich ein.

Die Fragen

Was weißt du jetzt
Über mich,
Das du noch nicht wusstest?
Wichtige Aspekte, keine banalen.
Was würdest du jetzt gerne wissen über mich,
Das du noch nicht weißt?

Wie viel Geduld bringst du auf?
Wie viel Zeit hast du zu verschenken?

Was ist das Kostbarste,
Das ich dir schenken könnte?

The next most important?
The one after that?
And one more?

How open will you be?
How much space are you willing to yield?
(I'm accustomed to much privacy,
Probably too much,
From too many years of solitude and secrecy.)

How much jealousy do you tolerate?
In yourself?
In me?

How will you bridge the gap?
Caused by years. Caused by distance.
Caused by affluence.
Caused by your profession. Caused by my professions.
Only then can I tell you
How I'll try to bridge them.

And the final two questions:
Have you ever truly loved a man?
Could you love this one?

Das Zweitkostbarste?
Und dann?
Und noch etwas?

Wie offen wirst du sein?
Wie viel Raum wirst du mir lassen?
(Ich bin sehr daran gewöhnt, für mich zu sein,
Wahrscheinlich zu sehr,
Nach vielen Jahren der Abgeschiedenheit.)

Wie viel Eifersucht erträgst du?
Bei dir?
Bei mir?

Wie wirst du die Kluft überbrücken?
Bedingt durch die Jahre. Den Abstand.
Den Reichtum.
Deine Tätigkeit. Meine Tätigkeiten.
Erst dann kann ich dir sagen,
Wie ich versuchen werde, sie zu überbrücken.

Und die beiden letzten Fragen:
Hast du je wirklich einen Mann geliebt?
Könntest du diesen hier lieben?

Contrapunctus

"I have nothing left to say"

"I have nothing left to say,
 So I don't talk.
 I have nothing left to do,
 So I close up shop."

Five years after your death,
My only daughter,
I find this note.

No date.
No address.
No signature.
Your handwriting.

Written for whom?

Written when?
        Hours,
        Days,
        Weeks,
        Perhaps months
        Before you entered the woods?

If only you had said these words to me.

Kontrapunktus

„Es gibt nichts mehr zu sagen"

„Es gibt nichts mehr zu sagen,
Also sage ich nichts mehr.
Es gibt nichts mehr zu tun,
Also mache ich den Laden dicht."

Fünf Jahre nach deinem Tod,
Meine einzige Tochter,
Finde ich diese Zeilen.

Kein Datum
Keine Adresse
Kein Namenszug
Deine Handschrift.

Geschrieben für wen?

Geschrieben wann?
 Stunden,
 Tage,
 Wochen,
 Monate vielleicht,
 Bevor du in den Wald gingst?

Ach, hättest du diese Worte doch zu mir gesagt!

Five years later

For my daughter

Five years ago, childless,
You killed yourself.
Closing past and future
With the words
"I have nothing left to say."

Five years later,
Your death still speaks to me:
Create life out of death
In the woods where I died.

Five years ago, you,
Painter, sculptor, poet,
Longed for others around you
But denied it.
Alone with animals
And the man you made a widower.

Five years later,
Your death opened a future:
Painters, sculptors, poets
None known to you
As you to them
Fertilize each other
In your house. On your land.

Your seed,
Your death
Bear fruit.

Fünf Jahre später

Für meine Tochter

Vor fünf Jahren, kinderlos,
Hast du dich umgebracht.
Vergangenheit und Zukunft abgeschlossen.
Mit den Worten
„Es gibt nichts mehr zu sagen."

Fünf Jahre später
Spricht dein Tod immer noch zu mir:
Erschaffe Leben aus dem Tod
In den Wäldern, in denen ich starb.

Vor fünf Jahren hast du,
Malerin, Bildhauerin, Dichterin,
Dich nach der Nähe von Menschen gesehnt,
Es aber geleugnet.
Allein mit Tieren
Und dem Mann, den du zum Witwer machtest.

Fünf Jahre später,
Hat dein Tod eine Zukunft erschlossen:
Maler, Bildhauer, Dichter,
Dir so fremd
Wie du ihnen
Befruchten einander
In deinem Haus. Auf deinem Land.

Deine Saat,
Dein Tod
Tragen Früchte.

Godfather I

*To describe one's character
is difficult and not necessarily illuminating.*
Iris Murdoch, A severed Head

"Quod licet Iovi non licet bovi,"
I told my children
Laughingly.

Years later,
It seems they took me seriously:
Gods may do what oxen may not.
      (Even though Jove once was a bull;
      Even though Europa left Phoenicia with him?)

Was this said as god –
Hence seriously, though laughing –
Or as godfather?

Can a father be a god?

Why burden my American children
With the Latin detritus of a European childhood?

Forgive me both:
Surviving son.
Dead daughter.

Vater-Gott I

*Seinen eigenen Charakter zu beschreiben
ist schwierig und nicht unbedingt erhellend.*

Iris Murdoch, Maskenspiel

„Quod licet Iovi non licet bovi",
Pflegte ich zu meinen Kindern zu sagen
Lachend.

Jahre später,
Scheint es, als hätten sie mich ernstgenommen:
Was Gott darf, darf der Ochse nicht.
> (Obgleich der Gott Jupiter sich einst in einen
> Stier verwandelte;
> Obgleich Europa Phönizien mit ihm verließ?)

Sagte ich dies als Gott –
Also ernst, wenn auch lachend –
Oder als Vater-Gott?

Kann ein Vater Gott sein?

Weshalb musste ich meine amerikanischen Kinder
Mit dem lateinischen Schutt einer europäischen
Kindheit belasten?

Vergebt mir beide:
Überlebender Sohn.
Tote Tochter.

Godfather II

To you a father should be as a god.

William Shakespeare, A Midsummer Night's Dream

Can a father be a god?

Yes, early on,
When religions are based on faith.

Jupiter is believed when laws are laid down.

Add a few years:
Eyes turn critical; minds suspect,
Questions grow.

One stumble, one fall:
Jupiter familias turns into an ox.

You ask:
When shall a father stop acting God?
I say:
When he's ready for fatherhood.

"Welcome son, father of my grandson."

Vater-Gott II

Der Vater sollte wie ein Gott Euch sein.
William Shakespeare, Ein Mittsommernachtstraum

Kann ein Vater Gott sein?

Ja, anfangs,
Solange die Religionen im Glauben gründen.

An **Jupiter** glaubt man, solange Gesetze vorgeschrieben
werden.

Ein paar Jahre später:
Der Blick wird kritisch; der Verstand misstraut,
Zweifel wachsen.

Ein Stolpern, ein Sturz:
Jupiter familias wird zum Ochsen.

Du fragst:
Wann soll ein Vater aufhören, Gott zu spielen?
Ich sage:
Wenn er bereit ist zur Vaterschaft.

„Willkommen, Sohn, Vater meines Enkels."

Already? Still?

Snow on the mountain:
Already October?
Still May?

Fog over the bridge:
Already on the rise?
Still dropping the veil?

Enamored:
Already of the rocks beneath?
Still of the façade above?

You:
Already convinced?
Still testing?

Still or already:
Still May of your life!
Already October of mine!

Schon? Noch?

Schnee auf dem Berg:
Schon Oktober?
Noch Mai?

Nebel über der Brücke:
Schon sich lichtend?
Noch im Sinken?

Verliebt:
Schon in die Felsen drunten?
Noch in das Bauwerk drüber?

Du:
Schon überzeugt?
Noch prüfend?

Noch oder schon:
Noch im Mai deines Lebens, du!
Schon im Oktober, ich!

Chef du potage

The Viennese adore soup.
The English – before they learned how to cook –
Made stews.
I, the ex-Viennese Anglophile,
Fancy both.

But beware of one dangerous stew,
Occasionally fatal,
Solely produced by solitary cooks:
Specifically, disappointed lovers
Who stew.

Such stews remain remarkably potent
For remarkably long times.
Even more remarkable
Is the undisputed, experimentally demonstrated fact
That in spite of its poisonous nature
Such stew continues to be tasted over and over again.
Its taste is so overpowering
No second course ever outshines.

I, the ex-Viennese connoisseur of soups,
Once started to stew
Until an accomplished chef
Spilled my stew
And offered her *potage d'amour*.

Garçon! My compliments to the chef
And another helping, *s'il vous plaît*.

Chef du potage

Die Wiener lieben Suppe über alles.
Die Engländer – bevor sie kochen lernten –
Schmorten Stews.
Ich, anglophil und ehemaliger Wiener,
Mag beides.

Doch gibt es ein riskantes Schmorgericht,
vor dem ich warne:
Bisweilen tödlich,
Nur von einsamen Köchen zubereitet:
Speziell von enttäuschten Geliebten,
Die schmoren im eigenen Saft.

Derlei Stews bleiben außergewöhnlich wirksam
Für außergewöhnlich lange Zeit.
Und fast noch außergewöhnlicher
Ist der unbestrittene, experimentell nachgewiesene
Fakt,
Das solche Stews, trotz ihrer giftigen Beschaffenheit,
Wieder und wieder gekostet werden.
So überwältigend ist ihr Geschmack,
Dass kein zweiter Gang sie jemals übertrifft.

Ich, der ehemalige Wiener Suppenschmecker
Fing einmal an zu schmoren,
Bis eine Meisterköchin
Mir den Schmortopf ausschüttete
Und ihren *potage d'amour* kredenzte.

Garçon! Meine Empfehlungen an die Küchenchefin,
Und noch eine Portion, *s'il vous plâit*.

Truisms

Flesh matters so little to a happy man.
Bill Barich, The New Yorker, December 1983

True of the barefoot fisherman carrying his salmon
through poison oak caressing his calves;

True of the Boston Marathon winner with the stiff,
strained muscles;

True of the newly crowned boxing champ with the
bloodied, broken nose;

True of the gourmand with the belt cutting into his
bloated belly;

True of the broken-toed ballerina taking her fifth
curtain call before Baryshnikov in his box.

Untrue of me: It is when I am happy that flesh matters
most.

Binsenwahrheiten

Für den Glücklichen ist der Leib nicht das Wichtigste.

Bill Barich, The New Yorker, December 1983

Wahr für den barfüßigen Fischer, der seinen Lachs heimträgt und mit wunden Waden durch Giftsumach stapft.

Wahr für den Bostoner Marathonsieger mit den steifen, starren Muskeln;

Wahr für den frisch gekrönten Box-Champion mit der blutigen, gebrochenen Nase.

Wahr für den Gourmand, in dessen wohlgenährten Wanst der Gürtel kneift.

Wahr für die Ballerina mit dem gebrochenen Zeh, die sich beim fünften Vorhang vor Baryschnikows Loge verneigt.

Unwahr für mich: Gerade, wenn ich glücklich bin, ist der Leib bei weitem das Wichtigste.

An existence bonus

No more tit-for-tatting,
Quid-pro-quoing,
Extra compensation,
(Hourly or otherwise).

Madam!
No union negotiation!
Forget the raise, the benefits –
A bonus is what I crave.

A morning bonus.
Just after waking.
Just for existing:
An existence bonus.

The ultimate fringe benefit.
Just wait 'til others hear about it.
But not from me.
I'm keeping mum.

Ein Existenzbonus

Keine Retourkutschen mehr,
Keine Gegenleistungen,
Sondervergütungen,
(Auf Stundenbasis oder anders).

Madam!
Keine Gewerkschaftsverhandlungen!
Gehaltserhöhungen, Lohnnebenleistungen, kein Thema –
Ich fordere nur einen Bonus.

Einen Morgenbonus.
Gleich nach dem Erwachen.
Einfach dafür, dass ich existiere:
Einen Existenzbonus.

Der ultimative Lohnzuschlag.
Warten Sie, bis Andere davon hören.
Aber nicht von mir.
Ich halt den Mund.

Not every no is the same

How do we express
Affirmation and Denial?
In nods, headshakes or words.

Yet nods and shakes are ambiguous:
Bulgars and Turks nod
When we shake.
And vice versa.

The sound of words –
Even one –
Carries and touches.
Listen carefully:

НЕТ – absolute zero. Siberian.
NEIN – almost as cold.
NON – gentlest.
NO, NO – just so so.

I'll take three *NONs*
For every *НЕТ* or *NEIN*.
If I am to be disappointed
Let it be gently.

I am less choosy about
ДА, JA and *OUI*; *YES* and *SI*.
None causes much damage
At first.

Nicht jedes Nein ist gleich

Wie signalisieren wir
Zustimmung und Ablehnung?
Durch Nicken, Kopfschütteln oder Worte.

Doch Nicken und Kopfschütteln sind zweideutig.
Bulgaren und Türken nicken,
Wenn wir den Kopf schütteln.
Und umgekehrt.

Der Klang der Worte –
Selbst eines einzigen Worts –
Trägt und berührt.
Hör gut zu:

НЕТ – absoluter Nullpunkt. Sibirisch.
NEIN – fast ebenso kalt.
NON – noch am freundlichsten.
NO, NO – so lala.

Lieber drei *NONs*
Als ein *НЕТ* oder *NEIN*.
Wenn man mich schon enttäuschen will
Dann freundlich.

Weniger wählerisch bin ich bei
ДА, JA und *OUI*; *YES* und *SI*.
Keins davon richtet viel Schaden an
Zunächst.

Sophistry

The death of a friend is universal ...
The loss of a friend is absolute.

Russell McCormmach, Night Thoughts
of a classical Physicist

If McCormmach's physicist is right,
Surely the loss of a lover is also absolute.

But note the dilemma:
If the lover was also a friend –
And we can assume she was one –
        (At least until recently)
Then surely her loss must be more absolute.

I have always thought "unique" to be an absolute term,
Or for that matter, "absolute" to be a unique term.
But if loss of a lover/friend is more absolute,
Then surely she can also be more unique.
Say, doubly so.

If uniqueness can be doubled,
So can you, the lost lover/friend.
But if I lost only one, where is the other?
Once my search is successful,
Love/friendship cannot be dead.

I need no physicist to tell me
This is the universal, absolute truth,
Not more, not less.

Sophisterei

Der Tod eines Freundes ist universell ...
Der Verlust eines Freundes ist absolut.

Russell McCormmach, Nachtgedanken
eines klassischen Physikers

Hat McCormmachs Physiker recht,
Ist gewiss auch der Verlust einer Geliebten absolut.

Man beachte aber das Dilemma:
Falls die Geliebte auch eine Freundin war –
Und davon darf man ausgehen
    (Zumindest bis vor kurzem)
Muss ihr Verlust noch absoluter sein.

Ich habe „einzigartig" stets für einen
absoluten Begriff gehalten,
Oder, wenn wir schon dabei sind, „absolut" für einen
einzigartigen Begriff.
Doch wenn der Verlust einer Geliebten/Freundin noch
absoluter ist,
Kann sie gewiss auch einzigartiger sein.
Ja, in doppeltem Maß.

Wenn Einzigartigkeit verdoppelt werden kann,
Kannst auch du verdoppelt werden, verlorene Geliebte/
Freundin.
Aber wenn ich nur eine verlor, wo ist dann die andere?
Hat meine Suche einmal Erfolg,
Können Liebe/Freundschaft nicht tot sein.

Mir braucht kein Physiker zu sagen, dass
Dies die absolute, universelle Wahrheit ist,
Nicht mehr, nicht weniger.

Plowing time

He was a reaper, a collector,
Indeed a connoisseur,
Of women.

Why women?
One cannot consume women.
One can only explore them.

What did he wish to find?
Himself.

Was he successful?
Of course not.

Why had he never realized his failure?
No one had asked the question.

Now when he had stopped
Reaping, collecting, exploring,
For the first time
He started to plow
In order to sow.

Sow what?
Seed.

What kind?
He didn't know

Fool, why plow if you lack seed?

Zeit des Pflügens

Er war ein Schnitter, ein Sammler,
Ein echter
Frauenkenner

Warum Frauen?
Man kann Frauen nicht konsumieren.
Man kann sie nur erforschen.

Was wollte er finden?
Sich selbst.

Und ist es ihm gelungen?
Natürlich nicht.

Warum hat er sein Versagen nicht erkannt?
Diese Frage wurde nie gestellt.

Er hörte auf
Zu ernten, zu sammeln, zu erforschen,
Und zum ersten Mal,
Begann er zu pflügen
Weil er säen wollte.

Was wollte er denn säen?
Samenkörner.

Welcher Art?
Er wusste es nicht.

Narr, warum pflügen, wenn du keine Saat hast?

Suddenly he understood:
The seed he needed could not be bought.
It had to come from him.

Plötzlich erkannte er:
Die Saat, die er brauchte, gab es nicht zu kaufen.
Die musste von ihm selber kommen.

Stevensiana

Wallace Stevens (1879–1955) is arguably one of the greatest American poets of the twentieth century, yet only a small portion of his huge œuvre has been translated into German – possibly because of the extraordinary breadth and complexity of his language, for which English with its huge vocabulary is so well suited. A poet's poet – even the continuing focus of a now for decades long existing quarterly, the *Wallace Stevens Journal* – he was a master of idiosyncratic and frequently obscure titles, not limiting them to English, but also moving into German (e.g. *Lebensweisheitspielerei*) or French (e.g. *Le Monocle de mon Oncle*). His promiscuity with titles even prompted me to write a poetic collage entirely consisting of Stevens' captions, called *"Two Egyptians being served by a Nazi"*, which was subsequently published in the *Wallace Stevens Journal* and is now reproduced here.

But what is Stevens doing in this personal poetic account of my response to the seemingly permanent jilting by my great love? I was introduced to Wallace Stevens through Diane Middlebrook shortly after we commenced our relationship. Stevens was the subject of her Ph.D. thesis from Yale, the central point of her first published book, and the focus of some of her most insightful lectures, which I avidly attended, turning me – the middle-aged professor – into a bewitched disciple. During the first year of our cohabitation, we spent many an evening by the fireplace, reading Stevens' poems to each other. When she left me on May 8, 1983, Stevens stayed behind. Even if we had never met again and married, I would have considered my introduction to Stevens an unsought, spectacular gift.

Stevensiana

Wallace Stevens (1879–1955) ist wohl einer der größten amerikanischen Dichter des zwanzigsten Jahrhunderts, und doch wurde bisher nur ein kleiner Teil seines gewaltigen Œuvre ins Deutsche übertragen – vermutlich wegen der außerordentlichen Tiefe und Komplexität seiner Sprache, für die sich das Englische mit seinem riesigen Vokabular besonders gut eignet. Als Dichter der Dichter – ja sogar ständiger Mittelpunkt einer vierteljährlich erscheinenden Zeitschrift, dem *Wallace Stevens Journal*, die nun schon seit Jahrzehnten existiert – war er ein Meister der eigenwilligen, oft schwer verständlichen Titel, und er beschränkte sich damit nicht nur aufs Englische, sondern wechselte auch ins Deutsche (z. B. *Lebensweisheitspielerei*) oder ins Französische (z. B. *Le Monocle de mon Oncle*). Seine Neigung, Titel aus allen Sprachen zu mischen, veranlasste mich sogar zu einer poetischen Collage, die nur aus Stevens' Überschriften bestand. Dieser Text mit dem Titel „*Zwei Ägypter werden von einem Nazi bedient*" wurde später im *Wallace Stevens Journal* veröffentlicht und ist auch hier abgedruckt.

Doch was hat Stevens hier zu suchen, in dieser persönlich-poetischen Darstellung meiner Reaktion darauf, dass mich meine große Liebe scheinbar für immer verlassen hatte? Ich habe Wallace Stevens durch Diane Middlebrook kennengelernt, gleich am Beginn unserer Beziehung. Er war das Thema ihrer Dissertation an der Universität Yale, der zentrale Gegenstand ihrer ersten Buchveröffentlichung und Sujet einiger ihrer interessantesten Vorlesungen, die mich begeisterten und mich – den Professor mittleren Alters – in einen gebannt lauschenden Schüler verwandelten. Im ersten Jahr unseres Zusammenlebens verbrachten

Not surprisingly, during that year of revengeful resentment, I sought and found solace by writing some poems involving Stevens that pleased me sufficiently that I submitted them to the *Wallace Stevens Journal*, thus making me probably the only chemist who has ever published there. One of them, *The Twins* describes an unexpected bonus – uncontaminated by resentment, self-pity or other personal shortcomings – with which I am concluding this volume, since it relates to another great love of mine: the work of Paul Klee.

I have "lived" with my favorite artist, Paul Klee, for nearly half a century and have collected his works for almost that long. Like Stevens, a poet's poet, Klee was the painter's painter par excellence. Coincidentally, like Stevens, Klee was unexcelled in the range and intricacy of the titles he used for his works. A single example, the virtually untranslatable *Durchgeistigung durch Primitivität*, which I am fortunate to own, should suffice. To my utter delight, I discovered that Klee was Steven's favorite painter and when I then found – mirabile dictu – that both were born in the same year, I could not resist the temptation to construct in *The Twins* an imaginary dialog between them, using solely captions from their respective works in the same year.

wir viele Abende am Kamin und lasen einander Stevens' Gedichte vor. Als sie mich am 8. Mai 1983 verließ, blieb Stevens da. Selbst wenn wir uns nie mehr begegnet wären und niemals geheiratet hätten, hätte ich die Bekanntschaft mit Stevens' Werk als sensationelles Geschenk betrachtet, das mir ohne eigenes Verdienst zuteil geworden war.

Es überrascht nicht, dass ich in diesem Jahr des rachsüchtigen Grolls Trost suchte und fand, indem ich einige Stevens betreffende Gedichte schrieb, die mir so gut gefielen, dass ich sie dem *Wallace Stevens Journal* vorlegte, und so zum vermutlich einzigen Chemiker wurde, der dort jemals publiziert hat. Eins dieser Gedichte, *Die Zwillinge*, stellt eine unvermutete Dreingabe dar – nicht kontaminiert durch Groll, Selbstmitleid oder andere persönliche Unzulänglichkeiten – mit der ich diesen Band beschließe, denn dieses Gedicht bezieht sich auf eine andere große Liebe von mir: das Werk Paul Klees.

Ich habe mit meinem Lieblingsmaler Paul Klee fast ein halbes Jahrhundert lang „gelebt" und fast ebenso lang seine Werke gesammelt. Wie Stevens ein Dichter der Dichter, war Klee par excellence ein Maler der Maler. Zufällig war Klee, wie Stevens, in der Verschiedenartigkeit und Kompliziertheit der Titel, die er seinen Werken gab, unübertroffen. Ein einziges Beispiel, das Werk mit dem quasi unübersetzbaren Titel *Durchgeistigung durch Primitivität*, das ich zu meiner Freude besitze, soll genügen. Zu meinem größten Entzücken entdeckte ich, dass Klee zufällig Stevens' Lieblingsmaler war, und als ich – mirabile dictu – herausfand, dass beide im selben Jahr geboren wurden, konnte ich der Versuchung nicht widerstehen, in *Die Zwillinge* einen fiktiven Dialog zwischen den beiden zu konstruieren, indem ich ausschließlich Titel ihrer Werke verwendete, die jeweils im selben Jahr entstanden waren.

"Two Egyptians being served by a Nazi"

And then he [Wallace Stevens] said,
Gee that's a good title for a poem …

Wilson Taylor, quoted by Peter Brazeau in
Wallace Stevens Remembered. An Oral Biography

If you can address clouds in a certain manner,
Hold an academic discourse in Havana,
Permit macabre mice to dance,
Find lions in Sweden
Or mountains covered with cats;

If you can start a paltry nude on a spring voyage,
Send a postcard from a volcano,
Put a pineapple together again
And still look in thirteen ways at a blackbird;

If you agree that reality is an activity of the most august
Imagination;

And to top it all,
If you can spell, let alone say (quickly)
Lebensweisheitspielerei

Why, oh why
Did you not let a Nazi serve two Egyptians?

You're right:
"It was a rabbi's question.
Let the rabbis reply."

„Zwei Ägypter werden von einem Nazi bedient"

Und dann sagte er [Wallace Stevens],
Oh, das ist ein guter Titel für ein Gedicht ...

Wilson Taylor, zitiert von Peter Brazeau in
Wallace Stevens Remembered. An Oral Biography

Wenn du dies alles vermagst:
Dich auf eine bestimmte Art an Wolken zu wenden,
Einen akademischen Diskurs in Havanna zu führen,
Makabren Mäusen einen Tanz zu gestatten,
Löwen in Schweden zu finden,
Oder von Katzen wimmelnde Berge;

Wenn du dies alles vermagst:
Eine armselige Nackte in den Frühling reisen zu lassen,
Eine Postkarte von einem Vulkan zu senden,
Eine Ananas neu zusammenzufügen,
Und dennoch auf dreizehn verschiedene Arten eine
Amsel zu betrachten;

Wenn du zustimmst, dass die Wirklichkeit eine Aktivität
der erhabensten Phantasie
darstellt;

Und zur Krönung,
Wenn du *Lebensweisheitspielerei*
Buchstabieren oder sogar (schnell) aussprechen kannst

Warum nur, ach, warum
Hast du nicht zwei Ägypter von einem Nazi bedienen
lassen?

Du hast recht:
„Es war die Frage eines Rabbi.
Überlass die Antwort den Rabbinern."

Concordance browsing

For voyeurs,
For seekers of private windows
Into a poet's mind,
Concordances are custom-made.

Pick a subject for concordance peeping.
Say Wallace Stevens,
Most private of Yankee poets,
His shades subtly drawn.

In hundreds of dazzling lines
Of this Connecticut WASP
You stumble on seven (!) rabbis.
A puzzling choice.

Another W. S. –
The all-time champion –
Had none,
Not even in Venice.

So let us start with *A*.
Aspic. Twice, both bitter.
(Same as the other W. S.
In number and astringency.)

To most rabbis
(Orthodox
Or Reformed),
Aspic is what you eat carp in.

In Konkordanzen schmökern

Für Voyeure,
Für Leute, die durch geheime Fenster
In den Geist des Dichters blicken wollen,
Sind Konkordanzen genau das Richtige

Wählen wir ein Sujet, um via Konkordanz durchs
Schlüsselloch zu spähen.
Etwa bei Wallace Stevens,
Dem zurückgezogensten aller Yankee-Dichter,
Der sich hinter subtilen Jalousien verbirgt.

In hunderten der brillanten Zeilen
Dieses WASP aus Connecticut
Stößt man auf sieben (!) Rabbiner.
Eine verwirrende Wahl.

Bei einem anderen W. S.,
Dem größten Meister aller Zeiten,
Findet sich kein einziger,
Nicht einmal in Venedig.

Beginnen wir also mit *A*.
Aspik[2]. Zwei Treffer. Beide Male bitter.
(Genau wie beim anderen W. S.,
Was Anzahl und Adstringenz betrifft)

Für die meisten Rabbiner
(Orthodox
Oder reformiert),

---

2   Dies bezieht sich auf die (im Deutschen kaum noch bekannte)
     zweite Bedeutung von Aspik: Aspik-Lavendel, Lavandula Spica.

Stevens' rabbis
(No Reformed or Orthodox
At the Hartford Accident and Indemnity Company [2])
Would only carp about aspic.

They would not eat it.
Nor would their poet.
What does this tell you about Stevens?
Keep browsing.

---

2   The institution, where Stevens worked most of his life as a Vice President
     and where he also wrote most of his poems.

Ist Aspik das, worin man Karpfen kalt verzehrt.
Stevens Rabbiner
(Weder reformiert noch orthodox
Bei der Hartford Accident and Indemnity Company [3])
Ließe Aspik hingegen völlig kalt.

Sie würden es nicht essen.
Ebenso wenig wie ihr Dichter.
Was sagt euch das über Stevens?
Sucht weiter.

---

3   Die Institution, als deren Vizepräsident Stevens fast sein ganzes Leben lang
    tätig war. Dort schrieb er auch die meisten seiner Gedichte.

The twins

*He [Wallace Stevens] always stayed
longer in the Klee Gallery*

Peter Brazeau, Wallace Stevens Remembered.
An Oral Biography

Wallace Stevens: Poet's poet,
Born 1879.
"He really did like Klee very much."

Paul Klee: Painter's painter,
Born 1879.
He couldn't have known Stevens.
Er sprach kein Englisch.

Yet he must have known him
In some "August Imagination."
How else explain the parallel?

"The poet mumbles and the painter sees"
Each in his own way
The same idea.
To whit:

1919
Stevens writes "Life is Motion."
Klee agrees.
He paints "Up, Away and Out."

1920
A dry year for Stevens.
Klee sends "A message of the Air Spirit."

Die Zwillinge

Wallace Stevens: Dichter der Dichter,
Geboren 1879.
„Er hat Klee wirklich sehr geliebt."

Paul Klee: Maler der Maler,
Geboren 1879.
Er kann Stevens nicht gekannt haben.
Er sprach kein Englisch.

Und doch muss er ihn gekannt haben
In einer Art „Erhabener Phantasie".
Wie sonst sind die Parallelen zu erklären?

„Der Dichter murmelt, und der Maler sieht"
Jeder auf seine Weise
Der gleiche Einfall.
Nämlich:

1919
Stevens schreibt „Leben ist Bewegung."
Klee stimmt zu.
Er malt „Höher, ferner, schwindend".

1920
Ein unproduktives Jahr für Stevens.
Klee schickt „Eine Botschaft des Luftgeistes".

1921
Stevens recovers.
He consults "The Doctor of Geneva."
Klee is relieved.
He paints "Dr. Bartolo."

1922
Stevens complains:
Such "A High-toned Old Christian Woman"
Klee nods.
I'll paint her a "Morality Wagon."

1923
Paul, look!
"Two Figures in Dense Violet Light."
No matter, Wally. They only need
"Intensification from the Static to the Dynamic."

1934
The years pass.
Wally dreams of an "Evening without Angels."
Paul hears him.
Here, take this "Angel in the Making."

1938
"Poetry is a Destructive Force" warns Stevens.
Not if you paint "A light and dry Poem"
Grins Klee.

1939
Klee falls ill and paints a message:
Before it is too late, please write
An "Omphalo-Centric Lecture."

1921

Stevens erholt sich.
Er konsultiert den „Arzt von Genf".
Klee ist erleichtert.
Er malt „Zeichnung zu Dr. Bartolo".

1922

Stevens klagt:
Welch „Prinzipienfeste alte Christin".
Klee nickt.
Ich male ihr einen „Tugendwagen".

1923

Paul, sieh nur!
„Zwei Gestalten in dichtem violetten Licht".
Kein Problem, Wally. Die brauchen nur eine
„Statisch-Dynamische Steigerung".

1934

Die Jahre vergehen.
Wally träumt von einem „Abend ohne Engel"'.
Paul hört ihn.
Hier, nimm diesen „Engel im Werden".

1938

„Poesie ist eine destruktive Kraft" warnt Stevens.
Nicht bei dem Bild „Leicht trockenes Gedicht"
Grinst Klee.

1939

Klee erkrankt und malt eine Botschaft:
Bevor es zu spät ist, schreib bitte
Einen „Omphalo-centrischen Vortrag".

1940

Stevens obliges in
"Extracts from Addresses to the Academy of Fine Ideas."
Klee dies.

You see?
Es war nicht nötig, Englisch zu verstehen.

1940
Stevens ist ihm gefällig mit
„Exzerpte aus Ansprachen vor der Akademie der
Schönen Gedanken."
Klee stirbt.

Sehen Sie?
Es war nicht nötig, Englisch zu verstehen.

Coda

Most readers of this book – other than those who read a book backward – are likely to have reached this point only after having perused most of what preceded this afterword. They will have done so mostly out of curiosity or perhaps intrinsic engagement with the subject matter. Most will surely now ask the obvious question I have asked myself: Why divulge such highly personal matters? Why disrobe emotionally to such an extent?

I do not believe in afterlife other than the limited one related to a person's written or archival record. The portion of that record that interests me most is that which the individual has written deliberately for retention rather than some accidentally discovered archival factoids. Since actuarially, my life expectancy is not any more expressed in decades, but at best in years, conceivably even months, it is time to decide what I wish to leave behind.

The present volume is really a diary written during a limited but personally traumatic time in my life: 1983–1984. The trauma started on a psychic level – the departure of the great love of my life – as I made clear by this avalanche of poems, but also extended to enormous physical pain and prolonged post-operative recovery from an accident in 1983, which in fact is described in one poem under the clearly descriptive title, *Nailed, plated, and screwed*.

That this volume is written in a form that might most charitably be described as free verse is not as important as the fact that its author has never before nor subsequently kept any form of diary. Having returned spontaneously to these compositions nearly three decades later, having reread them critically, and having then revised and

Coda

Die meisten Leser und Leserinnen dieses Buches – abgesehen von jenen, die Bücher rückwärts lesen – werden an dieser Stelle wohl erst dann angelangt sein, wenn sie das, was diesem Nachwort vorausgegangen ist, genau durchgesehen haben, hauptsächlich aus Neugierde, vielleicht aber auch aus wirklichem Interesse an der Thematik. Die meisten werden nun gewiss die naheliegende Frage stellen, die auch ich mir gestellt habe: Warum gibt man derart persönliche Dinge preis? Warum entblößt man sich emotional in diesem Ausmaß?

Ich glaube nicht an ein Leben nach dem Tod, außer in der begrenzten Form schriftlicher Zeugnisse oder Hinterlassenschaften. Was mich an diesen Hinterlassenschaften mehr interessiert als zufällig entdeckte Nebensächlichkeiten, sind Texte, die jemand schrieb und dann ganz bewusst zurückhielt. Da sich meine Lebenserwartung versicherungsmathematisch nicht mehr nach Jahrzehnten bemisst, sondern bestenfalls nach Jahren, vielleicht auch nur nach Monaten, wird es Zeit zu entscheiden, was ich hinterlassen möchte.

Bei dem vorliegenden Band handelt es sich eigentlich um ein Tagebuch, das ich in einer begrenzten, aber persönlich traumatischen Zeit meines Lebens geschrieben habe: 1983–1984. Wie an dieser Lawine von Gedichten abzulesen ist, begann das Trauma auf psychischer Ebene – als mich die große Liebe meines Lebens verließ –, erstreckte sich dann aber auch auf ungeheuerliche physische Schmerzen und die verzögerte Genesung nach einer Operation in Folge eines Unfalls 1983; ich beschreibe dies in einem Gedicht, das den höchst anschaulichen Titel *Nailed, plated,*

regrouped them, it seemed to me that in an autobiographical sense they tell something about me that I have barely described elsewhere. The picture of me during that year as a hurt, revengeful and vain man is not an attractive one, but it is an honest one. I could, of course, simply leave this manuscript with the notation "to be destroyed after my death," but my inherent curiosity has caused me to release it for publication prior to that irrevocable event. And what is that curiosity?

One component is my fantasy, now some decades old, how intriguing it would be to read one's own obituary. It became the focus of one my novels, *Marx, deceased* (subsequently republished in German translation under the much more telling title *Ego*), and ten years later of a play with the identical title.[3] The following brief excerpt from the play about a writer who stages his own death in order to read his obituaries tells it all.

> **Shrink:** All right, let's take that question and apply it to you. How long would you have waited?

> **Stephen:** At the very least some weeks ... if not months. When you die, they release the pre-scripted obits. But later, when the dust has settled, the people who matter publish reflective critical commentaries.

> **Shrink:** And that's what you're after?
> **Stephen:** Certainly you've dealt with people whose self-esteem depends on the opinion of

---

3   C. Djerassi, *EGO. Roman und Theaterstück*, Haymon Verlag, Innsbruck 2004.

and screwed trägt (Genagelt, verschraubt und mit Metallplatten versehen).

Dass dieses Buch in einer Form verfasst wurde, die man wohlwollend als Dichtung in freien Versen bezeichnen könnte, hat weniger Bedeutung als die Tatsache, dass der Autor dieser Verse weder vorher noch nachher irgendeine Form von Tagebuch geführt hat. Nachdem ich drei Jahrzehnte später spontan zu diesen Gedichten zurückgekehrt war, sie nochmals kritisch gelesen und dann überarbeitet und neu zusammengestellt hatte, schien es mir, als erzählten sie in autobiographischer Hinsicht Dinge über mich, die ich sonst fast nirgends geschildert habe. Das Bild, das hier von mir entsteht – ein gekränkter, rachsüchtiger und eitler Mann – ist zwar nicht sonderlich sympathisch, aber ehrlich. Natürlich könnte ich dieses Manuskript einfach hinterlassen mit dem Vermerk „Nach meinem Tod zu vernichten", doch die mir angeborene Neugier treibt mich dazu, die Gedichte noch vor diesem unabänderlichen Ereignis zur Veröffentlichung freizugeben. Und worin besteht diese Neugier?

Eine Komponente bildet meine nun schon Jahrzehnte alte Fantasie, wie faszinierend es wäre, seinen eigenen Nachruf zu lesen. Diese Fantasie wurde zum Thema eines meiner Romane, *Marx, deceased* (in deutscher Übersetzung neu veröffentlicht unter dem viel aufschlussreicheren Titel *Ego*[4] und zehn Jahre später zum Thema eines gleichnamigen Theaterstücks. Die folgende kurze Szene aus dem Stück über einen Schriftsteller, der seinen eigenen Tod inszeniert, um die auf ihn verfassten Nachrufe lesen zu können, sagt alles.

---

4   C. Djerassi, *EGO. Roman und Theaterstück*, Haymon Verlag, Innsbruck 2004. Passage übersetzt von Sabine Hübner.

others? Think how it must be to work in a field where success isn't something you can quantify? How much uncertainty that involves? Even James Joyce was obsessed with reviews. I call it productive insecurity.

Shrink: Well put!

Stephen: However productive insecurity simultaneously nourishes and poisons.

In the final analysis, what I have written in this volume of poetry is an aspect of my own life-long preoccupation with "productive insecurity" – first as a scientist, and later as a writer. I leave it up to my readers to judge how much of that preoccupation is sustenance and how much ugly poison (read "narcissism" or "vanity"). Only if I publish this volume can I read the cumulative judgment before I'm gone. Once gone, it wouldn't make any difference. As my late wife said so often, "The dead have no rights, only wishes. The dead cannot be shamed."

But once, in an interview [4] when asked how she as a biographer felt about revealing secrets, especially of a sexual nature (as was the case in all three biographies she had authored), my wife replied.

"You're not the first person in the world who had sex – anything said about it is not too surprising. The more that each of us knows about each of the other human beings in the world, the better off we are. It's true that it is very painful to be exposed to people's curiosity. But it's painful

---

4   C. Haven, *Diane Middlebrook, professor emeritus and legendary biographer, dies at 68*, Stanford Report, Dec. 15, 2007.

Therapeut: Gut, bleiben wir bei dieser Frage und stellen sie Ihnen. Wie lange hätten Sie gewartet?

Stephen: Allermindestens ein paar Wochen ... wenn nicht Monate. Wenn man stirbt, werden die schon im Voraus verfassten Nachrufe veröffentlicht. Aber später, wenn sich der Staub gelegt hat, veröffentlichen diejenigen, auf die es ankommt, nachdenkliche kritische Kommentare.

Therapeut: Und darum geht es Ihnen?

Stephen: Sie hatten doch sicher auch schon mit Leuten zu tun, deren Selbstwertgefühl von der Meinung anderer abhängt? Schon mal überlegt, wie das sein muss, in Bereichen zu arbeiten, in denen Erfolg nicht quantifizierbar ist? Wie viel Unsicherheit das bedeutet? Selbst James Joyce war ganz versessen auf Kritiken. Ich nenne das produktive Unsicherheit.

Therapeut: Sehr treffend!

Stephen: Allerdings ist es so, dass produktive Unsicherheit gleichzeitig nährt und vergiftet.

Letztlich habe ich im vorliegenden Gedichtband einen Aspekt meiner eigenen lebenslangen Beschäftigung mit dieser „produktiven Unsicherheit" beschrieben – erst als Wissenschaftler und später als Autor. Ich überlasse es nun meinen Lesern und Leserinnen zu beurteilen, was davon Nährwert besitzt und was davon hässliches Gift ist (sprich „Narzissmus" oder „Eitelkeit"). Nur wenn ich die-

in a way that can only lead to self-knowledge, because in the scope of human endeavor, it's not a big deal."

Freud's supposed statement, "Everywhere I go I find that a poet has been there before me," though most likely apocryphal, nevertheless offers a lovely reason why an autobiographical account – in this instance a form of retro-autopsychoanalysis – should be presented in poetic form. I think that my late wife – a poet, biographer, and scholar of Freudian psychoanalysis – would have smilingly approved.

sen Band veröffentliche, kann ich die Summe der Urteile lesen, bevor ich tot bin. Wenn ich nicht mehr da bin, hat dies keine Bedeutung mehr. Wie meine verstorbene Frau so oft sagte: „Die Toten haben keine Rechte, nur Wünsche. Die Toten kann man nicht beschämen." Doch als sie einmal in einem Interview[5] gefragt wurde, wie sie als Biographin zur Enthüllung von Geheimnissen stehe, vor allem zu solchen sexueller Natur (was alle drei von ihr verfassten Biographien betraf), erwiderte meine Frau:

> „Sie sind nicht der erste Mensch auf der Welt, der Sex hatte – was zu diesem Thema gesagt wird, kann kaum überraschen. Je mehr wir von den anderen Menschen wissen, desto besser für uns. Natürlich ist es sehr schmerzhaft, der Neugier der Leute ausgesetzt zu sein. Aber schmerzhaft auf eine Weise, die nur zur Selbsterkenntnis führen kann, denn im Bereich menschlichen Strebens ist das nichts Besonderes."

Die angebliche Äußerung Freuds „Egal, wohin ich gehe, überall war vor mir schon ein Dichter da" wird ihm zwar höchstwahrscheinlich zu Unrecht zugeschrieben, liefert aber einen wunderbaren Grund, warum ein autobiographischer Bericht – in diesem Fall eine Form retrospektiver Autopsychoanalyse – in Gestalt von Gedichten präsentiert werden sollte. Ich denke, dass meine verstorbene Frau – Dichterin, Biographin und Absolventin eines Studiums der Freudschen Psychoanalyse – es lächelnd gutgeheißen hätte.

---

5   C. Haven, *Diane Middlebrook, professor emeritus and legendary biographer, dies at 68*, Stanford Report, 15. Dezember 2007. Passage übersetzt von Sabine Hübner.

Carl Djerassi, emeritierter Professor der Chemie, Stanford University, geboren 1923 in Wien, 1938 nach Amerika geflohen, wo er sich als Naturwissenschaftler, v.a. als „Mutter der Anti-Baby-Pille", und Kunstsammler einen Namen machte. Zahlreiche literarische Veröffentlichungen.

Carl Djerassi, emeritus professor of chemistry at Stanford University, born 1923 in Vienna, fled to America in 1938, where he acquired an international reputation as a scientist, particularly as "Mother of the Pill", as an art collector, and as an author of numerous literary publications.

Carl Djerassi im Haymon Verlag |
Carl Djerassi at Haymon Verlag

This Man's Pill. Sex, die Kunst und Unsterblichkeit (2001)

Stammesgeheimnisse. Zwei Romane aus der Welt der Wissenschaft (2002)

Kalkül/Unbefleckt. Zwei Theaterstücke aus der Welt der Wissenschaft (2003)

EGO. Roman und Theaterstück (2004)

Aufgedeckte Geheimnisse. Zwei Romane aus der Welt der Wissenschaft (2005)

Phallstricke. Tabus. Zwei Theaterstücke aus den Welten der Naturwissenschaft und der Kunst (2006)

Vier Juden auf dem Parnass. Ein Gespräch (2008)

Vorspiel. Ein Theaterstück (2011)